MINISTÈRE DE LA MARINE

INSTRUCTIONS

SUR

L'APPLICATION DU DROIT INTERNATIONAL

EN CAS DE GUERRE

INSTRUCTIONS

SUR

L'APPLICATION DU DROIT INTERNATIONAL

EN CAS DE GUERRE

RÉPUBLIQUE FRANÇAISE

—

MINISTÈRE DE LA MARINE

ÉTAT-MAJOR GÉNÉRAL : 1ʳᵉ SECTION

INSTRUCTIONS

SUR

L'APPLICATION DU DROIT INTERNATIONAL EN CAS DE GUERRE

ADRESSÉES

PAR LE MINISTRE DE LA MARINE

À MM. LES OFFICIERS GÉNÉRAUX, SUPÉRIEURS ET AUTRES

COMMANDANT

LES FORCES NAVALES ET LES BÂTIMENTS

DE LA RÉPUBLIQUE

PARIS

IMPRIMERIE NATIONALE

—

1912

TABLE DES ARTICLES

CONTENUS DANS LES PRÉSENTES INSTRUCTIONS.

TABLE DES ANNEXES.

ANNEXES 1.

TEXTES.

ANNEXES II.

RENSEIGNEMENTS.

ANNEXES III.

FORMULAIRE.

ÉTAT-MAJOR GÉNÉRAL : 1RE SECTION.

INSTRUCTIONS

SUR L'APPLICATION DU DROIT INTERNATIONAL
EN CAS DE GUERRE

ADRESSÉES

PAR LE MINISTRE DE LA MARINE

A MM. LES OFFICIERS GÉNÉRAUX, SUPÉRIEURS ET AUTRES

COMMANDANT

LES FORCES NAVALES ET LES BÂTIMENTS

DE LA RÉPUBLIQUE.

(Du 19 décembre 1912.)

OBSERVATIONS GÉNÉRALES.

Dans tout le cours des présentes instructions, les expressions *capture*, *saisie*, *confiscation*, *séquestre* ont été employées avec le sens et dans le but qui vont être indiqués.

1° *Opérations effectuées par le bâtiment de guerre.*

La *capture* est l'acte purement militaire par lequel le commandant du navire de guerre substitue son autorité à celle du capitaine du navire de commerce, dispose du navire, de son équipage et de sa cargaison, comme il est dit aux présentes instructions, sous réserve du jugement ultérieur du Conseil des prises quant au sort définitif du navire et de sa cargaison.

La *saisie*, lorsqu'elle s'applique aux marchandises seules, est l'acte par lequel le navire de guerre, avec ou sans l'assentiment du capitaine du navire arrêté, s'empare et dispose de ces marchandises comme il est dit aux présentes instructions, sous réserve du jugement ultérieur du Conseil des prises.

La *saisie*, lorsqu'elle s'applique au navire, diffère de la capture en ce que le sort ultérieur du navire n'est pas en cause quant à l'éventualité de sa confiscation. Il y a saisie, lorsque le navire doit être mis sous séquestre pendant la durée des hostilités ; il y a saisie, lorsque le navire doit être contraint de venir débarquer sa marchandise illicite dans un port national ou allié, sous réserve du jugement ultérieur du Conseil des prises quant au sort de cette marchandise.

La *saisie* est toujours accompagnée des opérations d'inventaire et d'apposition des scellés.

Le mot *prise* est une expression générale s'appliquant au navire capturé ou à la marchandise saisie.

2° *Opérations effectuées par d'autres autorités que le commandant du bâtiment de guerre.*

Ces opérations sont envisagées dans les présentes instructions à titre de renseignements et pour permettre au commandant du bâtiment de guerre de régler sa conduite, dans certains cas, suivant les possibilités ultérieures de confiscation, de relaxe, de séquestre ou de saisie avec ou sans indemnité.

La *confiscation* est prononcée par le Conseil des prises en conséquence de la validation de la capture. C'est l'attribution définitive, au profit de l'État, de la propriété du navire ou de la cargaison capturée.

Le *séquestre* est l'acte par lequel le Gouvernement ou les autorités compétentes d'un port retiennent le navire et sa cargaison, soit provisoirement en vue d'un jugement ultérieur du Conseil des prises, soit pendant la durée de la guerre pour des raisons d'ordre militaire.

ARTICLE PREMIER.

Bâtiments ennemis[1].

1. Dès que vous avez connaissance de l'état de guerre existant entre la France et ...., soit par les ordres directs que vous avez reçus, soit par une information officielle de nos agents diplomatiques ou consulaires, soit par toute autre information indirecte mais certaine, vous êtes requis, sous la réserve des intérêts spéciaux de la mission qui vous est confiée, de courir sus à tous les bâtiments de guerre de........, de les détruire ou de vous en emparer par la force des armes.

---

[1] Convention III de La Haye relative à l'ouverture des hostilités. — Article V des présentes instructions (eaux territoriales neutres). — Formule I. Capture d'un navire ennemi. — Convention VI de La Haye, relative au régime des navires de commerce ennemis au début des hostilités.

2. Vous êtes également requis de courir sus à tous les navires de commerce ennemis que vous rencontrerez et de les capturer.

3. Sous réserve des dispositions de l'article XIII ci-après, relatives au transfert de pavillon, tout navire est présumé ennemi qui ne peut justifier du droit de porter un pavillon neutre.

4. Exceptionnellement, vous laisserez librement passer les navires de commerce ennemis munis d'un sauf-conduit à souche, conforme au modèle annexé aux présentes instructions, constatant qu'il leur a été permis de sortir librement d'un port français après l'ouverture des hostilités pour gagner directement le port qui leur aura été désigné dans ce sauf-conduit [1].

Vous vous assurerez que l'acte qui vous est présenté est sincère et que les conditions en ont été rigoureusement observées, particulièrement en ce qui concerne la route suivie par le navire et la composition de son équipage ou de sa cargaison.

En cas de soupçon sur l'authenticité de cet acte ou d'inexécution des conditions stipulées, vous capturerez le navire.

5. Vous laisserez librement passer les navires de commerce ennemis qui auront pris des cargaisons à destination de France ou pour compte français antérieurement à la déclaration de guerre. Vous délivrerez un sauf-conduit à ces navires qui pourront librement se rendre dans le port français que vous leur désignerez et y débarquer leur chargement.

Mais, si le lieu où vous avez rencontré lesdits navires et la route suivie par eux vous permettent de conclure qu'ils ont manifestement dévié de la route qu'ils devaient suivre d'après leurs papiers de bord, sans qu'ils y soient contraints par les circonstances de leur navigation, vous les capturerez.

6*. Les navires de commerce ennemis qui ont quitté leur dernier port de départ avant le commencement de la guerre, et qui sont rencontrés en mer ignorant les hostilités, ne peuvent être capturés.

Si la réussite des opérations engagées l'exige, lesdits navires sont sujets à être saisis, moyennant l'obligation de les restituer après la guerre sans indemnité, ou à être réquisitionnés ou même à être détruits, à charge d'indemnité et sous l'obligation de pourvoir à la sécurité des personnes ainsi qu'à la conservation des papiers de bord.

Si, en particulier, la cargaison desdits navires est de nature à justifier leur saisie et leur mise sous séquestre pendant la durée des hostilités dans les conditions ci-dessus spécifiées, et s'il ne vous est pas possible de les escorter jusqu'à un port français ou allié sans que, pour cela, leur destruction soit indispensable, vous leur ordonnerez, en inscrivant cet ordre sur leur journal de bord, de se rendre eux-mêmes, pour être mis sous séquestre, dans tel port français ou allié que vous fixerez, et sous telles conditions de route et de vitesse que vous fixerez également.

---

[1] Formule A de sauf-conduit à souche.

Vous leur spécifierez alors qu'ils seront capturés s'ils sont ensuite rencontrés faisant route pour une destination différente ou n'ayant pas observé les conditions de votre ordre.

7. Vous capturerez tous navires de commerce ennemis qui, dans les cas des paragraphes 5 et 6 précédents, n'auraient pas strictement observé les ordres donnés et préalablement inscrits à leur journal de bord par le commandant ou le délégué autorisé du commandant d'un navire de guerre français.

8. Vous capturerez *dans tous les cas* tous navires de commerce ennemis qui ne pourraient vous présenter des papiers de bord [1] complètement en règle et intacts ou que vous soupçonneriez spécialement d'avoir falsifié soit leur journal de bord, soit tout autre document relatif à leur route.

9. Vous capturerez *dans tous les cas* les navires de commerce ennemis dont la construction indique qu'ils sont destinés à être transformés en bâtiments de guerre, ou qui sont portés sur les listes officielles de leur gouvernement comme destinés à être transformés en bâtiments de guerre.

10. Les marchandises ennemies se trouvant à bord des navires ennemis visés aux paragraphes 5, 6, et non susceptibles d'être capturés, sont également sujettes à être saisies et restituées après la guerre sans indemnité, ou à être réquisitionnées moyennant indemnité conjointement avec le navire ou séparément.

11. En ce qui concerne la correspondance postale, vous vous conformerez aux prescriptions de l'article XVI ci-après.

ARTICLE II.

Bateaux de pêche et navires chargés de certaines missions [2].

12. Les navires ennemis exclusivement affectés à la pêche côtière ou à des services de petite navigation locale sont exempts de capture, ainsi que leurs engins, agrès, apparaux et chargement. Cette exemption cesse de leur être applicable dès qu'ils participent d'une façon quelconque aux hostilités.

13. Toutefois vous ne tolérerez la pêche et la petite navigation locale sur les côtes de l'ennemi que pendant le jour et qu'autant que cette faveur,

---

[1] Article XV des présentes instructions (papiers de bord).
[2] XIe Convention de La Haye relative à certaines restrictions à l'exercice du droit de capture dans la guerre maritime.

dictée par un intérêt d'humanité, n'entraînerait aucun abus préjudiciable aux opérations militaires et maritimes, notamment en cas de blocus.

14. Tout navire préalablement prévenu des interdictions que vous auriez pu ainsi décider, ou provenant d'un port auquel vous auriez notifié ces interdictions, et qui ne les aurait pas observées, sera considéré par vous comme participant aux hostilités.

15. Les bâtiments chargés de mission religieuse, scientifique ou philanthropique sont également exempts de capture, sous la même réserve que ces bâtiments ne participent en aucune façon aux hostilités.

16. Il vous est interdit de profiter du caractère inoffensif des navires français ayant les caractères susvisés pour les employer dans un but militaire en leur conservant leur apparence pacifique.

ARTICLE III.

Navires hospitaliers. — Personnel religieux, médical et hospitalier [1].

17. Vous vous conformerez aux prescriptions de la Convention de La Haye du 18 octobre 1907 pour l'adaptation à la guerre maritime des principes de la Convention de Genève (annexe n° 9) en respectant les bâtiments hospitaliers mentionnés dans les articles 1, 2 et 3 de cette Convention et dont la liste vous est adressée par ailleurs; le tout sous réserve des droits que vous confèrent et des devoirs que vous imposent, d'une part, les articles 4, 7, 8, 9, 10, 12, 14, d'autre part, les articles 7, 8, 9, 10, 11, 16, 17 de cette même Convention. Il vous appartient d'apprécier vous-même l'opportunité d'user de vos droits dans les divers cas envisagés par ladite Convention.

ARTICLE IV.

Câbles sous-marins.

18. Autant que possible, et sans nuire aux opérations principales où vous

---

[1] Xᵉ Convention de La Haye pour l'adaptation à la guerre maritime des principes de la Convention de Genève.

serez engagé, vous vous efforcerez de procéder à la destruction des câbles sous-marins reliant exclusivement des possessions de l'ennemi.

19. Vous respecterez les câbles qui relient exclusivement entre eux deux pays neutres.

20. Quant aux câbles qui, venant d'un pays neutre, atterrissent en territoire ennemi ou le traversent, vous les mettrez hors de service partout ailleurs que dans les eaux territoriales neutres, s'ils sont susceptibles d'être utilisés par le belligérant pour la conduite immédiate de ses opérations de guerre.

21. Dans aucun de ces cas, vous n'avez à tenir compte de la nationalité de la compagnie ou société propriétaire du câble.

ARTICLE V.

Respect des droits des États neutres [1].

22. Vous vous conformerez strictement aux interdictions imposées aux belligérants par la Convention XIII de La Haye, du 18 octobre 1907, concernant les droits et devoirs des Puissances neutres en cas de guerre maritime.

23. Pour l'application de cette Convention, vous considérerez les eaux territoriales comme ne s'étendant jamais à moins de *trois* milles des côtes, des îles ou des bancs découvrant qui en dépendent, à compter de la laisse de basse mer, et jamais au delà de la portée de canon.

Vous trouverez dans l'annexe II le tableau des Puissances qui, soit dans un texte légal ou réglementaire, soit dans une déclaration de neutralité, ont fixé la limite de leurs eaux territoriales, quant au droit de la guerre, à une distance de la côte supérieure à trois milles.

Vous respecterez toute limite de cette nature qui se trouverait ainsi régulièrement fixée avant l'ouverture des hostilités.

ARTICLE VI.

Commerce des nationaux.

24. L'état de guerre entraînant l'interdiction de toutes relations de commerce avec la nation ennemie, vous devez arrêter les navires de com-

---

[1] Convention XIII de La Haye. (Droits et devoirs des puissances neutres en cas de guerre maritime.)

merce français qui, sans justifier d'une licence, tenteraient d'enfreindre cette interdiction ou qui, plus coupables encore, chercheraient à violer un blocus ou s'engageraient dans un transport de troupes, de dépêches officielles ou de contrebande de guerre, pour le compte ou à destination de l'ennemi.

25. Les capitaines et toutes personnes soupçonnées de complicité devraient être arrêtés et remis à l'autorité judiciaire française la plus proche, à l'effet d'être poursuivis, s'il y a lieu, par application des articles 77 et suivants du Code pénal.

ARTICLE VII.

Commerce des neutres. — Caractère neutre [1].

26. Les neutres sont autorisés par le droit des gens à continuer librement leur commerce avec les belligérants.

Toutefois les navires neutres sont soumis au droit de visite et, éventuellement, à la capture dans les cas suivants :

1° S'ils résistent à la visite dans les conditions de l'article XII ci-après ;

2° S'ils transportent des objets de contrebande de guerre, dans les conditions de l'article VIII ci-après ;

3° S'ils prêtent assistance à l'ennemi dans les conditions de l'article IX ci-après ;

4° S'ils tentent de violer un blocus dans les conditions de l'article X ci-après.

27. *Caractère neutre ou ennemi.* — Sous réserve des dispositions de l'article XIII ci-après, relativement au transfert de pavillon, le caractère d'un navire est déterminé par le pavillon qu'il a le droit de porter. Voir annexe II.

Le caractère neutre ou ennemi des marchandises trouvées à bord d'un navire ennemi est déterminé par la nationalité de leur propriétaire.

Si le caractère neutre de la marchandise trouvée à bord d'un navire ennemi n'est pas établi, la marchandise est présumée ennemie.

28. Le pavillon neutre couvre la marchandise ennemie, à l'exception de la contrebande de guerre. Vous n'avez donc point à examiner la propriété du chargement des navires neutres, mais seulement la nature de ce chargement.

---

[1] **Déclaration du Congrès de Paris du 16 avril 1856. Annexe I.**

ARTICLE VIII.

Contrebande de guerre. — Sort des navires transportant de la contrebande.

29. A moins de stipulation spéciale des Traités ou de décision particulière du Gouvernement de la République, vous considérerez de plein droit comme contrebande de guerre les objets et matériaux suivants, compris sous le nom de *contrebande absolue*, dont la destination hostile apparaîtra comme il est dit plus loin :

1° Les armes de toute nature, y compris les armes de chasse et les pièces détachées caractérisées ;

2° Les projectiles, gargousses et cartouches de toute nature et les pièces détachées caractérisées ;

3° Les poudres et explosifs spécialement affectés à la guerre ;

4° Les affûts, caissons, avant-trains, fourgons, forges de campagne et les pièces détachées caractérisées ;

5° Les effets d'habillement et d'équipement militaires caractérisés ;

6° Les harnachements militaires caractérisés de toute nature ;

7° Les animaux de selle, de trait et de bât utilisables pour la guerre ;

8° Le matériel de campement et les pièces détachées caractérisées ;

9° Les plaques de blindage ;

10° Les bâtiments et embarcations de guerre et les pièces détachées spécialement caractérisées ;

11° Les instruments et appareils exclusivement faits pour la fabrication des munitions de guerre, pour la fabrication et la réparation des armes et du matériel militaire terrestre ou naval.

30. Vous ne considérerez pas comme contrebande de guerre les armes et les munitions exclusivement destinées à la défense du navire, et en la quantité que permet la coutume, à moins qu'il n'en ait été fait usage pour résister à la visite.

31. Le cas échéant, vous recevrez une liste complémentaire d'objets et de matériaux exclusivement employés à la guerre, que le Gouvernement jugerait utile, au cours des hostilités, d'ajouter aux objets de contrebande absolue énumérés ci-dessus.

32. Les articles énumérés ci-dessus sont de contrebande, s'il vous apparaît qu'ils sont destinés au territoire de l'ennemi ou à un territoire occupé par lui ou à ses forces armées. Peu importe que le navire transporteur soit lui-même à destination d'un port neutre.

33. La destination ennemie de la contrebande absolue est considérée comme définitivement prouvée dans les cas suivants :

1° Lorsque la marchandise est documentée pour être débarquée dans un port de l'ennemi ou pour être livrée à ses forces armées ;

2° Lorsque, bien que la marchandise soit documentée pour un port neutre, le navire ne doit aborder qu'à des ports ennemis, ou lorsqu'il doit toucher à un port de l'ennemi, ou rejoindre ses forces armées avant d'arriver au port neutre pour lequel la marchandise est documentée.

34*. Les papiers de bord font preuve complète de l'itinéraire du navire transportant de la contrebande absolue, à moins que le navire ne soit rencontré ayant manifestement dévié de la route qu'il devrait suivre d'après ses papiers de bord et sans pouvoir justifier d'une cause suffisante de cette déviation.

35. Vous considérerez de plein droit comme contrebande de guerre les objets et matériaux suivants, qui, susceptibles de servir aux usages de la guerre comme à des usages pacifiques, sont compris sous le nom de *contrebande conditionnelle*, et dont la destination hostile apparaîtra comme il est dit plus loin, savoir :

1° Les vivres ;

2° Les fourrages et les graines propres à la nourriture des animaux ;

3° Les vêtements et les tissus d'habillement, les chaussures propres à des usages militaires ;

4° L'or et l'argent monnayé et en lingots, les papiers représentatifs de la monnaie ;

5° Les véhicules de toute nature pouvant servir à la guerre, ainsi que les pièces détachées ;

6° Les navires, bateaux et embarcations de tout genre, les docks flottants, parties de bassins, ainsi que les pièces détachées ;

7° Le matériel fixe ou roulant des chemins de fer, le matériel des télégraphes, radiotélégraphes ou téléphones ;

8° Les aérostats et les appareils d'aviation, les pièces détachées caractérisées ainsi que les accessoires, objets et matériaux caractérisés comme devant servir à l'aérostation ou à l'aviation ;

9° Les combustibles et matières lubréfiantes ;

10° Les poudres et les explosifs qui ne sont pas spécialement affectés à la guerre ;

11° Les fils barbelés, ainsi que les instruments servant à les fixer ou à les couper ;

12° Les fers à cheval et le matériel de maréchalerie ;

13° Les objets de harnachement et de sellerie ;

14° Les jumelles, télescopes, chronomètres et les divers instruments nautiques.

36. Le cas échéant, vous recevrez une liste complémentaire d'objets et matériaux susceptibles de servir aux usages de la guerre comme aux usages pacifiques, que le Gouvernement jugerait utile, au cours des hostilités, d'ajouter aux objets de contrebande conditionnelle énumérés ci-dessus.

37. Les articles énumérés ci-dessus sont de contrebande s'il vous apparaît qu'ils sont destinés à l'usage des forces armées ou à des administrations de l'État ennemi, à moins, dans ce dernier cas, que les circonstances n'établissent qu'en fait ces articles ne peuvent être utilisés pour la guerre en cours; cette dernière réserve ne s'applique pas à l'or et à l'argent monnayés et en lingots, ni aux papiers représentatifs de la monnaie.

38 *. Vous considérerez que les articles de contrebande conditionnelle ont la destination ci-dessus indiquée, si l'envoi est adressé aux autorités ennemies, ou à un commerçant établi en pays ennemi, et lorsqu'il est notoire que ce commerçant fournit au Gouvernement ennemi des objets et matériaux de cette nature. Il en est de même si l'envoi est à destination d'une place fortifiée ennemie ou d'une autre place servant de base d'opérations ou de ravitaillement aux forces armées ennemies.

39*. Si, sans en pouvoir trouver la preuve complète, vous avez cependant des raisons suffisantes de croire que les articles de contrebande conditionnelle, dont le déchargement doit avoir lieu en territoire ennemi ou occupé par l'ennemi, ont la destination hostile ci-dessus indiquée, vous pourrez saisir le navire porteur de cette contrebande.

40. A défaut des présomptions ci-dessus, la destination est présumée innocente.

41. Les articles dits de contrebande conditionnelle n'ont le caractère de contrebande que si le navire transporteur fait route vers le territoire de l'ennemi ou vers un territoire occupé par lui ou vers ses forces armées, et s'il ne doit pas les décharger dans un port intermédiaire neutre.

42. Toutefois, si le territoire de l'ennemi n'a pas de frontière maritime, les articles ci-dessus ont le caractère de contrebande par le seul fait de leur propre destination hostile, encore que le navire transporteur ait lui-même une destination neutre.

43*. Les papiers de bord font preuve complète de l'itinéraire du navire ainsi que du lieu de déchargement des marchandises, à moins que ce navire ne soit rencontré ayant manifestement dévié de la route qu'il devait suivre d'après ses papiers de bord et sans pouvoir justifier d'une cause suffisante de cette déviation.

44. Les objets et matériaux qui ne sont pas compris dans les deux listes ci-dessus de contrebande absolue ou de contrebande conditionnelle, ou qui ne vous auraient pas été notifiés comme devant y être ajoutés, ne sont pas contrebande de guerre.

45. Ne sont jamais contrebande de guerre les articles suivants, savoir :

1° Le coton brut, les laines, soies, jutes, lins, chanvres bruts, et les autres matières premières des industries textiles ainsi que leurs filés ;

2° Les noix et graines oléagineuses, le coprah ;

3° Les caoutchoucs, résines, gommes et laques, le houblon ;

4° Les peaux brutes, les cornes, os et ivoires ;

5° Les engrais naturels et artificiels, y compris les nitrates et les phosphates pouvant servir à l'agriculture ;

6° Les minerais ;

7° Les terres, les argiles, la chaux, la craie, les pierres y compris les marbres, les briques, ardoises et tuiles ;

8° Les porcelaines et verreries ;

9° Le papier et les matières préparées pour sa fabrication ;

10° Les savons, couleurs, y compris les matières exclusivement destinées à les produire, et les vernis ;

11° L'hypochlorite de chaux, les cendres de soude, la soude caustique, le sulfate de soude en pains, l'ammoniaque, le sulfate d'ammoniaque et le sulfate de cuivre ;

12° Les machines servant à l'agriculture, aux mines, aux industries textiles et à l'imprimerie ;

13° Les pierres précieuses, les pierres fines, les perles, la nacre et les coraux ;

14° Les horloges, pendules et montres, autres que les chronomètres ;

15° Les articles de mode et les objets de fantaisie ;

16° Les plumes de tout genre, les crins et soies :

17° Les objets d'ameublement et d'ornement, les meubles et accessoires de bureau.

46. Ne sont pas non plus considérés comme contrebande de guerre :

1° Les objets et matériaux servant exclusivement à soigner les malades et les blessés. Toutefois, en cas de nécessité militaire importante, vous pourrez les réquisitionner, moyennant une indemnité, s'ils sont destinés au territoire de l'ennemi ou à un territoire occupé par lui ou à ses forces armées ;

2° Les objets et matériaux destinés à l'usage du navire où ils sont trouvés, ainsi qu'à l'usage de l'équipage et des passagers de ce navire pendant la traversée.

Sort des navires transportant de la contrebande.

47*. Vous ne saisirez pas un navire en raison d'un transport de contrebande qu'il aurait antérieurement effectué et actuellement achevé.

48. Le navire transportant des articles saisissables comme contrebande peut être saisi ou capturé par vous pendant tout le cours de son voyage, même s'il a l'intention de toucher à un port d'escale avant d'atteindre la destination ennemie.

49*. Vous capturerez le navire transportant de la contrebande si cette contrebande forme, soit par sa valeur, soit par son poids, soit par son volume, soit par son fret, plus de la moitié de la cargaison.

50. Vous vous bornerez à saisir le navire transportant de la contrebande si cette contrebande est en proportion inférieure à celle ci-dessus indiquée.

51. Suivant les circonstances, vous pourrez autoriser à continuer sa route un navire arrêté pour cause de contrebande et non susceptible de confiscation à raison de la proportion de la contrebande, si le capitaine est prêt à vous livrer cette contrebande.

La remise de la contrebande sera mentionnée sur le livre de bord du navire arrêté, et le capitaine de ce navire devra vous remettre copie certifiée conforme de tous papiers utiles.

52. Vous aurez la faculté de détruire la contrebande qui vous sera ainsi livrée (voir art. XXIX).

53. Si vous rencontrez en mer un navire naviguant dans l'ignorance des hostilités ou de la déclaration de contrebande applicable à son chargement, vous pourrez néanmoins saisir ces articles de contrebande; mais, la confiscation de ces articles pouvant ultérieurement donner lieu à une indemnité, vous aurez soin de dresser un procès-verbal précis en nature, poids, valeur, volume et fret des marchandises ainsi saisies. Dans ce cas, le navire et le surplus de sa cargaison, tout en étant sujets à être saisis, seront exempts de confiscation. Il en sera de même si le capitaine, après avoir eu connaissance de l'ouverture des hostilités ou de la déclaration de contrebande, n'a pu encore décharger les articles de contrebande.

54. Le navire est réputé connaître l'état de guerre ou la déclaration de contrebande, lorsqu'il a quitté un port ennemi après l'ouverture des hostilités ou lorsqu'il a quitté un port neutre après que la notification de l'ouverture des hostilités ou de la déclaration de contrebande a été faite en temps utile à la puissance dont relève ce port.

ARTICLE IX.

Assistance hostile.

55. Vous capturerez tout navire neutre :

1° S'il voyage spécialement en vue du transport de passagers individuels incorporés dans la force armée de l'ennemi ou en vue de la transmission de nouvelles dans *l'intérêt de l'ennemi*.

2° S'il vous apparaît que c'est à la connaissance soit du propriétaire, soit de celui qui a affrété le navire en totalité, soit du capitaine, qu'il transporte un détachement militaire de l'ennemi ou une ou plusieurs personnes qui, pendant le voyage, prêtent une assistance directe aux opérations de l'ennemi.

56. Dans les deux cas spécifiés ci-dessus, le navire sera passible de confiscation et, d'une manière générale, passible du traitement que subirait le navire neutre sujet à confiscation pour contrebande de guerre.

57. Toutefois les dispositions du paragraphe 55, alinéa 2°, ne s'appliquent pas si, lorsque le navire est rencontré en mer, il ignore les hostilités ou si le capitaine, après avoir appris l'ouverture des hostilités, n'a pu encore débarquer les personnes transportées.

58. Le navire est réputé connaître l'état de guerre, lorsqu'il a quitté un port ennemi après l'ouverture des hostilités ou un port neutre postérieurement à la notification en temps utile de l'ouverture des hostilités à la puissance dont relève ce port.

59. Alors même qu'il n'y aurait pas lieu de capturer le navire, vous pourrez faire prisonniers de guerre tous individus incorporés dans la force armée de l'ennemi et qui seront trouvés à bord d'un navire de commerce neutre.

Vous demanderez tout d'abord au capitaine du navire de vous remettre ces individus. En cas de refus de sa part, vous passerez outre et vous les ferez prisonniers de guerre. En cas de résistance de la part du personnel du navire, vous capturerez le navire.

60. Le personnel religieux, médical et hospitalier ennemi, trouvé à bord d'un navire de commerce neutre, ne peut être fait prisonnier de guerre ; mais, avant de laisser libre ce personnel, vous vous assurerez avec soin de la réalité de son caractère. En cas de doute, vous pourrez le retenir dans la forme ci-dessus indiquée jusqu'à ce que la preuve de ce caractère soit établie.

61. Vous capturerez également tout navire neutre :

1° Lorsqu'il prend une part directe aux hostilités ;

2° Lorsqu'il se trouve sous les ordres ou sous le contrôle d'un agent placé à bord par le Gouvernement ennemi ;

3° Lorsqu'il est affrété en totalité ou en partie par le Gouvernement ennemi ;

4° Lorsqu'il est actuellement et exclusivement affecté soit au transport de troupes ennemies, soit à la transmission de nouvelles dans l'intérêt de l'ennemi.

62. Dans les quatre cas ci-dessus spécifiés, le navire sera passible de confiscation et, d'une manière générale, passible du traitement qu'il subirait s'il était navire de commerce ennemi.

63. Vous remarquerez que le transport des dépêches officielles ne peut être incriminé que s'il est fait à titre spécial ; dans le cas contraire, vous vous conformerez aux dispositions de l'article XVI ci-après.

ARTICLE X.

Blocus. — Établissement d'un blocus.

64. Le blocus doit être limité aux ports et aux côtes de l'ennemi ou occupés par lui.

65. Les forces bloquantes ne doivent pas barrer l'accès aux ports et aux côtes neutres.

66. Conformément à la Déclaration de Paris, le blocus, pour être obligatoire, doit être effectif, c'est-à-dire maintenu par une force suffisante pour interdire réellement l'accès du littoral de l'ennemi.

67. Le blocus, pour être obligatoire, doit être déclaré conformément au paragraphe 68 et notifié conformément aux paragraphes 69 et 77.

68. Si, en l'absence d'une déclaration de blocus faite par le Gouvernement lui-même, vous êtes appelé à établir un blocus de votre propre initiative, vous devez préalablement faire une déclaration précisant :

1° La date du commencement du blocus ;

2° Les limites géographiques du littoral bloqué, expressément désignées en latitude et longitude ;

3° Le délai de sortie à accorder aux navires neutres.

69. Dans tous les cas, l'établissement d'un blocus devra également faire l'objet d'une notification formelle aux autorités des points bloqués. Cette notification, dont vous trouverez le modèle à l'Annexe III, sera envoyée à ces autorités, en même temps qu'au consul de l'une des Puissances neutres, au moyen d'un parlementaire.

70. Le cas échéant, vous me feriez connaître, par la voie la plus rapide, toute disposition prise de votre propre initiative pour l'établissement d'un blocus, afin de me permettre de compléter, dans le plus bref délai, votre notification aux autorités locales par une notification aux Puissances neutres par la voie diplomatique.

71. Il conviendra de remplir les mêmes formalités si le blocus vient à être étendu à quelque nouveau point de la côte, ou est repris après avoir été levé.

72. Le blocus n'est pas considéré comme levé si, par suite de mauvais temps, les forces bloquantes se sont momentanément éloignées.

73. La levée volontaire du blocus, ainsi que toute restriction qui y serait apportée, doit être notifiée dans la même forme que ci-dessus.

Violation de blocus.

74. La violation d'un blocus ainsi établi résulte aussi bien de la tentative de pénétrer dans le lieu bloqué que de celle d'en sortir après la notification du blocus, à moins, dans ce cas, que ce ne soit dans le délai fixé et expressément mentionné dans la déclaration de blocus, délai qui devra être suffisant pour protéger la navigation et le commerce de bonne foi.

75. La saisissabilité d'un navire neutre pour violation de blocus est subordonnée à la connaissance réelle ou présumée du blocus.

76. La connaissance du blocus est, sauf preuve contraire, présumée lorsque le navire a quitté un port neutre postérieurement à la notification, en temps utile, du blocus à la puissance dont relève ce port.

77. Si le navire qui approche du port bloqué n'a pas connu ou ne peut être présumé avoir connu l'existence du blocus, la notification doit être faite au navire même par un officier de l'un des bâtiments de la force bloquante. Cette notification doit être portée sur le livre de bord avec indication de la date et de l'heure ainsi que de la position géographique du navire à ce moment.

78. Tout navire qui force un blocus doit être capturé, fût-il neutre, allié ou national, sous réserve, à l'encontre de ce dernier, de l'application des lois pénales édictées contre ceux qui entretiennent des intelligences avec l'ennemi.

79. Toutefois aucune saisie ne peut être pratiquée à l'égard d'un navire qui, après avoir forcé le blocus, a gagné la haute mer et dont la chasse a été abandonnée.

80. Tout navire qui, après avoir reçu l'avertissement réglementaire, ne s'éloigne pas franchement et est surpris louvoyant autour de la côte bloquée, dans le rayon d'action de la force bloquante, devient suspect de fraude et peut être capturé.

81. Un navire neutre, en cas de détresse constatée par une autorité des forces bloquantes, peut pénétrer dans la localité bloquée et en sortir ultérieurement, à la condition de n'y avoir laissé ni pris aucun chargement.

82. Vous pourrez accorder à des navires de guerre la permission d'entrer dans un port bloqué et d'en sortir ultérieurement.

83. Vous capturerez tout navire reconnu coupable de violation de blocus. Ce navire sera passible de confiscation.

84*. La violation du blocus est insuffisamment caractérisée pour autoriser la capture du navire, lorsque celui-ci est actuellement dirigé vers un port non bloqué, quelle que soit la destination ultérieure du navire ou de son chargement.

ARTICLE XI.

Droit de visite.

85. Vous avez le droit de visiter tous les navires de commerce que vous rencontrerez. Vous ne visiterez les paquebots postaux qu'en cas de nécessité, ainsi qu'il est dit à l'article XVII.

86. Toutefois, suivant les circonstances, notamment suivant les parages où vous vous trouverez, ou suivant l'éloignement du théâtre des opérations, il peut arriver que vous ayez des motifs de supposer que la visite ne peut entraîner aucune saisie. Dans ce cas, l'exercice du droit de visite peut n'être qu'une vexation inutile dont il est préférable de s'abstenir.

87. Les navires neutres sous convoi de leur pavillon sont, en principe, exempts de visite. Toutefois vous agirez à leur égard comme il est dit à l'article suivant.

ARTICLE XII.

Procédure de la visite. — Semonce. — Visite.
Papiers de bord. — Résistance à la visite. — Convoi.

88. *Semonce.* — Lorsque vous serez déterminé à visiter un navire, vous l'avertirez d'abord en tirant un coup de canon de semonce à poudre et en arborant votre pavillon. A ce signal, le navire est tenu aussi d'arborer ses couleurs et de s'arrêter pour attendre votre visite.

89*. S'il continue sa route et cherche à fuir, vous le poursuivrez et l'arrêterez au besoin par la force.

90. En cas de résistance armée de sa part, vous le capturerez sans autre examen.
La tentative de fuite ne suffit pas à elle seule à justifier la capture.

91. Dès que le navire semoncé s'est arrêté, vous lui envoyez une embarcation.

Aucune règle précise ne peut être fixée au sujet de la distance à laquelle doit s'arrêter le croiseur pendant la visite. Vous agirez suivant les circonstances et l'état de la mer.

92. *Visite.* — Un officier en armes, accompagné de deux ou trois hommes au plus, monte à bord du navire à visiter. Si vous êtes seul officier à votre bord, la visite pourra être effectuée par un officier-marinier.

93. Avant tout, l'officier visiteur doit procéder à l'examen des papiers de bord [1].

94. Les principaux papiers de bord des navires de commerce sont :
1° L'acte constatant la nationalité ;
2° Éventuellement l'acte de propriété (voir § 108 et suiv.) ;
3° Le congé ;
4° Le permis de navigation ou certificat de navigabilité :
5° Le rôle d'équipage et la liste des passagers :
6° La patente de santé :
7° Le journal de bord :
8° Le manifeste de chargement ;
9° La charte-partie (si le navire est affrété) et les connaissements dûment signés ;
10° L'inventaire.

95. L'examen de ces pièces vous renseignera sur la nationalité du navire, sur sa destination et sa route, ainsi que sur la nature et la destination apparente du chargement.

96. Éventuellement, vous pourrez demander à vous faire présenter :
Le journal des machines :
La police d'assurance du navire et celle des marchandises, si elles sont à bord ;
Le registre des télégrammes reçus et envoyés si le navire est muni de T. S. F.

97*. Si l'examen de ces pièces démontre d'une manière certaine la neutralité du navire, sa destination inoffensive et le caractère inoffensif de son chargement, l'officier visiteur constatera le résultat de sa visite sur le journal de bord dudit navire, et vous laisserez le navire continuer sa route.

L'absence de l'une des pièces ci-dessus indiquées ne justifierait pas seule la capture, si d'ailleurs l'ensemble des autres pièces prouvait la neutralité du navire et la régularité de l'expédition.

---

[1] Voir album des *Papiers de bord.*

Papiers jetés à la mer, supprimés ou distraits.

98. Toutefois, s'il est constaté qu'un ou plusieurs de ces papiers ont été jetés à la mer, supprimés, distraits ou falsifiés, le navire visité doit être capturé sans qu'il soit besoin d'examiner par qui ou pour quelle cause ils ont été jetés à la mer, supprimés, distraits ou falsifiés.

99*. Si l'examen des pièces vous laisse un doute quelconque ou vous confirme un soupçon :

1° Sur la nationalité du navire : alors vous le capturerez ;

2° Sur sa destination ou sur le caractère inoffensif de son chargement : alors vous pourrez procéder à la visite de la cargaison.

Cette visite s'effectue par les soins du capitaine et de l'équipage du navire visité, sous les yeux de l'officier visiteur, lequel ne doit y procéder par lui-même qu'en cas de refus de ces derniers.

100. Les papiers de bord font preuve complète de l'itinéraire du navire ainsi que du lieu de déchargement des marchandises, à moins que ce navire ne soit rencontré ayant manifestement dévié de la route qu'il devait suivre d'après ses papiers de bord et sans pouvoir justifier d'une cause suffisante de cette déviation.

101. Toutes ces opérations de visite doivent être faites avec la plus grande courtoisie et modération, et, s'il s'agit de paquebots postaux, avec toute la célérité possible (voir § 85 et 126).

102. *Résistance à la visite.* — La résistance opposée par la force à l'exercice légitime des diverses opérations de la visite rend immédiatement le navire passible de capture et ultérieurement de confiscation. Le chargement sera passible du même traitement que subirait le chargement d'un navire ennemi ; les marchandises appartenant au capitaine ou au propriétaire du navire seront considérées comme marchandises ennemies.

103. *Convoi.* — En ce qui concerne les navires sous convoi, le commandant du convoi vous donnera par écrit, à votre demande, sur le caractère des navires convoyés et sur leur chargement, toutes informations que la visite servirait à obtenir.

104. Si vous avez lieu de soupçonner que la religion du commandant du convoi a été surprise, vous lui communiquerez vos soupçons. C'est au commandant du convoi seul qu'il appartient, en ce cas, de procéder à une vérification. Vous pourrez cependant accepter l'offre qu'il vous ferait d'assister à cette vérification. Il devra constater le résultat de cette visite par un procès-verbal dont une copie sera remise à l'un de vos officiers. Si des faits ainsi constatés justifiaient, dans l'opinion du commandant du convoi, la saisie d'un ou de plusieurs navires, la protection du convoi devrait leur être retirée, et vous procéderiez à cette saisie.

105. Si des divergences s'élèvent entre vous et le commandant du convoi, notamment à propos de la contrebande, vous pourrez seulement lui adresser une protestation écrite. Vous m'en rendrez compte immédiatement, et la difficulté sera réglée par la voie diplomatique.

106. Le fait, pour un neutre, de se faire convoyer par un bâtiment de guerre ennemi, c'est-à-dire de se placer sous sa protection, le rend suspect et forclos du droit de se plaindre s'il est atteint d'avaries ou même détruit dans le combat.

107. Le fait, par un navire de commerce ennemi, de se faire convoyer par un bâtiment de guerre ennemi l'expose à toutes vos attaques, directes et indirectes.

ARTICLE XIII.

Changement de nationalité des navires.
Transfert de pavillon.

108. Lorsqu'il résulte de l'examen des pièces de bord que le navire est passé récemment sous pavillon neutre, il y a lieu de procéder avec la plus grande attention et de s'inspirer des règles suivantes :

109. Le transfert sous pavillon neutre d'un navire ennemi, effectué avant l'ouverture des hostilités, est valable à moins qu'il ne soit établi que ce transfert a été effectué en vue d'éluder les conséquences qu'entraîne le caractère de navire ennemi. Il y a néanmoins présomption de nullité si l'acte de transfert ne se trouve pas à bord, alors que le navire a perdu la nationalité belligérante moins de soixante jours avant l'ouverture des hostilités ; la preuve contraire est admise.

110. Il y a présomption absolue de validité d'un transfert effectué plus de trente jours avant l'ouverture des hostilités, s'il est complet, absolu, conforme à la législation des pays intéressés et s'il a cet effet que le contrôle du navire et le bénéfice de son emploi ne restent pas entre les mêmes mains qu'avant le transfert. Toutefois, si le navire a perdu la nationalité belligérante moins de soixante jours avant l'ouverture des hostilités et si l'acte de transfert ne se trouve pas à bord, la saisie du navire ne pourra donner lieu à des dommages et intérêts.

111. Si, d'après ces considérations, vous estimez suffisante la présomption de nullité de l'acte de transfert, vous capturerez le navire suspect.

112. Le transfert sous pavillon neutre d'un navire ennemi, effectué après l'ouverture des hostilités, est nul, à moins qu'il ne soit établi que ce transfert n'a pas été effectué en vue d'éluder les conséquences qu'entraîne le caractère de navire ennemi, par exemple par suite d'héritage.

113. Toutefois il y a présomption absolue de nullité :

1° Si le transfert a été effectué pendant que le navire est en voyage ou dans un port bloqué ;

2° S'il y a faculté de réméré ou de retour ;

3° Si les conditions auxquelles est soumis le droit de pavillon, d'après la législation du pavillon arboré, n'ont pas été observées.

114. Ces règles ne sont, bien entendu, pas applicables lorsque la vente du navire ennemi à un sujet neutre a été effectuée par les autorités françaises, à la suite d'une prise.

ARTICLE XIV.

Capture. — Saisie. — Formalités de la capture[1].

115. La visite est suivie de capture ou de saisie lorsqu'elle révèle ou confirme soit le caractère ennemi du navire, soit une violation de blocus, soit le caractère de contrebande de son chargement.

116. Si la visite ne détermine pas la saisie du bâtiment, l'officier qui en aura été chargé devra seulement la constater sur les papiers de bord. Si, au contraire, elle détermine la saisie ou la capture, il devra être procédé ainsi qu'il suit :

1° S'emparer de tous les papiers de bord et les mettre sous scellés après en avoir dressé inventaire ;

2° Dresser un procès-verbal de capture ou de saisie portant inventaire sommaire du bâtiment (voir annexes III, formules H et I), dont un exemplaire sera remis au capitaine du navire capturé ou saisi ;

3° Constater l'état du chargement, puis faire fermer les écoutilles de la cale, les coffres, les soutes et y apposer les scellés ;

4° Dresser un état des effets, argent, instruments nautiques, et autres objets appartenant au capitaine et à l'équipage. S'ils ne sont pas laissés à leur disposition, mention en sera faite au procès-verbal ;

5° Mettre à bord un équipage pour la conduite de la prise et en donner le commandement à un officier ou à un officier-marinier, en lui remettant une lettre de conducteur de prise et vos instructions.

117. *Capture des corsaires.* — En cas de prise d'un corsaire régulièrement pourvu de lettres de marque par un Gouvernement n'ayant pas adhéré à la Déclaration de Paris, vous procéderez de la même manière. Le capitaine, les officiers et l'équipage de ce corsaire seront traités comme il est dit au paragraphe 146 pour les bâtiments de guerre.

---

[1] Voir également décret sur le service à bord des bâtiments de la Marine militaire du 15 mai 1910, art. 368, 369, 407.

Le capitaine, les officiers et l'équipage de tout navire armé en course par un Gouvernement signataire de la Déclaration de 1856, étant passibles des peines prévues pour le crime de piraterie, devront être considérés non comme prisonniers de guerre, mais comme détenus, et remis aux autorités françaises les plus proches pour être poursuivis conformément aux lois de la République.

118. *Capture des bâtiments de guerre.* — Dans le cas de capture d'un bâtiment de guerre, vous vous bornerez à le constater sur votre journal et vous pourvoirez à la conduite de la manière la plus conforme à la sécurité des équipages auxquels vous la confierez. (Décret du 15 mai 1910 sur le service à bord des bâtiments de la Flotte, art. 368, 369, 407.)

ARTICLE XV.
Usage de la télégraphie sans fil.

119. Si les circonstances l'exigent et dans la mesure où vous le jugerez indispensable, vous pourrez notifier aux navires de commerce munis d'une installation de T. S. F. qui séjourneraient dans la zone de vos opérations, ou même qui la traverseraient, l'interdiction :

De transmettre des nouvelles sur votre situation ou sur vos mouvements;

D'enregistrer des télégrammes clairs ou chiffrés provenant de votre bâtiment ou des bâtiments de votre force navale;

D'émettre des signaux de nature à troubler vos communications.

Vous fixerez alors par une déclaration et une notification analogues à celles qui concernent le blocus, les limites géographiques et, le cas échéant, les limites de temps ou d'heures entre lesquelles s'étendra le régime de vos interdictions.

120. Si, malgré votre notification, les navires susvisés transmettent des nouvelles interdites ou troublent systématiquement vos communications, vous agirez suivant la gravité et les conséquences de leurs actes, soit comme il est prévu à l'article 4 de la Convention X de La Haye pour l'application à la guerre maritime des principes de la Convention de Genève, soit comme il est dit pour le deuxième cas visé au paragraphe 55 (assistance hostile).

Vous pourrez donc enjoindre à ces navires de s'éloigner hors des limites fixées dans votre déclaration, leur imposer une direction déterminée, les détenir, même les capturer et, dans tous les cas, saisir leurs appareils de T. S. F.

121. Si la visite de ces navires vous révèle simplement l'enregistrement de dépêches interdites, vous pourrez saisir leur registre de télégrammes, leur enjoindre de s'éloigner, leur fixer une direction déterminée, et, si vous avez des motifs suffisants de suspecter leur bonne foi, saisir leurs appareils de T. S. F.

ARTICLE XVI.

De la correspondance postale[1].

122. La correspondance postale des neutres ou des belligérants, quel que soit son caractère officiel ou privé, trouvée en mer sur un navire neutre ou ennemi, est inviolable. S'il y a saisie du navire, elle est expédiée avec le moins de retard possible par le capteur.

123. Les dispositions précédentes ne s'appliquent pas, en cas de violation de blocus, à la correspondance qui est à destination ou en provenance du port bloqué.

124. Elles ne sont également applicables qu'entre les puissances qui ont ratifié la Convention de La Haye du 18 octobre 1907 relative à certaines restrictions à l'exercice du droit de capture dans la guerre maritime, ou qui ont adhéré à cette Convention, et seulement si les belligérants sont tous parties à cette Convention.

125. Dans le cas des paragraphes 123 et 124, vous pourrez prendre connaissance des lettres officielles ou particulières adressées aux autorités ennemies ou à des personnes résidant sur le territoire de l'ennemi ou occupé par lui et trouvées à bord des bâtiments capturés; s'il en est qui présentent de l'intérêt, vous les adresserez sans délai au Ministre de la Marine, vous expédierez les autres à leur destination avec le moins de retard possible.

ARTICLE XVII.

Paquebots[2].

126*. L'inviolabilité de la correspondance postale ne soustrait pas les paquebots-poste neutres aux lois et coutumes de la guerre sur mer concernant les navires de commerce neutres en général. Toutefois, la visite n'en doit être effectuée qu'en cas de nécessité, avec tous les ménagements et toute la célérité possibles.
Voir annexe I, Convention postale franco-britannique du 30 août 1890.

ARTICLE XVIII.

Pavillon des prises.

127. Tout navire capturé navigue avec le pavillon et la flamme, insignes des bâtiments de guerre.

---

[1] XIe Convention de la 2e Conférence de La Haye du 18 octobre 1907.
[2] XIe Convention de La Haye relative à certaines restrictions à l'exercice du droit de capture dans la guerre maritime.

ARTICLE XIX.

Envoi des prises dans les ports français.
Conditions de séjour éventuel des prises dans les eaux neutres [1].

128. Sauf le cas de force majeure indiqué ci-dessous, les prises sont dirigées sur les ports de France ou des possessions françaises, ou appartenant à un gouvernement allié.

129. Une prise ne peut être amenée dans un port neutre que pour cause d'innavigabilité, de mauvais état de la mer, de manque de combustible ou de provisions. Elle doit repartir aussitôt que la cause qui en a justifié l'entrée a cessé.

Le capteur se mettra en rapport avec le Consul de France et se concertera avec lui sur la destination ultérieure de la prise.

130. Si la prise, en mesure de sortir des eaux neutres, retardait son départ ou ne se conformait pas à l'ordre de partir immédiatement qui lui aurait été notifié par la puissance neutre, cette dernière serait dans son droit strict en usant des moyens dont elle dispose pour relâcher la prise avec ses officiers et son équipage, et interner l'équipage mis à bord par le capteur.

131. Vous pourrez d'ailleurs considérer comme port pour la mise sous séquestre des navires et des marchandises tout port occupé par nos forces, où il pourra être procédé aux actes d'instruction et d'administration prescrits par les lois et règlements de la République.

132. Bien que, aux termes de l'article 23 de la XI° Convention de La Haye, une puissance neutre ait la faculté de permettre l'accès de ses ports et rades aux prises escortées ou non, lorsqu'elles y sont amenées pour être laissées sous séquestre en attendant la décision du tribunal des prises, vous ne chercherez à user de cette autorisation que si les circonstances vous y obligent et qu'après vous être assuré que ladite puissance neutre permettra réellement l'accès de ses ports et rades à vos prises dans les conditions de l'article 23 précité.

133. Si le port neutre dans lequel il se présente lui est interdit absolument, ou si sa présence n'y est tolérée que pour un temps insuffisant, le capteur ou le conducteur d'une prise défère aux invitations qui lui sont adressées par le gouvernement du pays où il se trouve. Il agit alors au mieux des intérêts dont il est chargé, et rend compte sans délai au Ministre de la Marine du refus qu'il a éprouvé.

---

[1] XIII° Convention de La Haye concernant les droits et les devoirs des puissances neutres en cas de guerre maritime.

ARTICLE XX.

Pièces à remettre par les conducteurs de prises.

134. Si le capteur n'escorte pas sa prise parce qu'il juge pouvoir l'expédier directement, le conducteur de la prise doit, à son arrivée au port de destination, remettre à l'autorité maritime :

1° Son rapport de traversée ;

2° Les pièces et documents de toute nature visés au paragraphe 116.

Une copie certifiée du procès-verbal de capture et d'apposition des scellés restera entre les mains du capteur.

Il importe à tous les points de vue que le capteur n'omette aucune de ces formalités réglementaires (*B. O. R.*, t. IV, p. 67).

ARTICLE XXI.

Du régime des équipages des navires de commerce ennemis capturés[1].

135. Lorsque vous aurez capturé un navire de commerce ennemi, les hommes de son équipage, nationaux d'un État neutre, ne seront pas faits prisonniers de guerre.

136. Il en sera de même du capitaine et des officiers, également nationaux d'un État neutre, s'ils promettent formellement par écrit de ne pas servir sur un navire ennemi pendant la durée de la guerre.

137. Le capitaine, les officiers et les membres de l'équipage, nationaux de l'État ennemi, ne seront pas faits prisonniers de guerre, à la condition qu'ils s'engagent, sous la foi d'une promesse formelle écrite, à ne prendre pendant la durée des hostilités aucun service ayant rapport avec les opérations de la guerre.

138. Vous remettrez aux intéressés reçu des promesses qu'ils auraient faites dans les termes des paragraphes 136 et 137. En outre, vous aurez soin de me faire connaître et de porter à la connaissance de l'ennemi, par toutes voies possibles, les noms des individus laissés libres dans les conditions visées aux susdits paragraphes.

139. Les dispositions ci-dessus ne s'appliquent pas aux navires qui prennent part aux hostilités.

---

[1] XIe Convention de La Haye. Chapitre III. — Formule R.

140. Dans le cas où vous n'y verriez aucun danger, vous pourriez maintenir à leur bord le capitaine et tout ou partie de l'équipage du navire de commerce capturé.

141. Les individus qui n'auront pas conservé leur liberté dans les conditions des paragraphes 135 et 136 seront prisonniers de guerre.

142. Toute personne trouvée à bord d'un navire de commerce ennemi est, sauf preuve contraire, présumée de nationalité ennemie.

ARTICLE XXII.

Du régime des passagers trouvés à bord des navires capturés.

143. Les passagers sont libres et peuvent débarquer dans le premier port où le bâtiment aborde.

144. Toutefois les hommes de 18 à 50 ans nationaux de l'État ennemi et qui ne tombent pas sous le coup des paragraphes 59, 60 de l'article IX seront traités comme il est dit ci-dessus à l'article XXI, pour le capitaine, les officiers et les membres de l'équipage nationaux de l'État ennemi.

ARTICLE XXIII.

Expédition directe des pièces et des personnes.

145. Dans des circonstances exceptionnelles, le capteur peut expédier directement au port de prise, avec les pièces de procédure, les personnes (capitaine, officiers, ou membres de l'équipage du navire capturé, au nombre de trois au moins) dont la présence est nécessaire à l'instruction de la prise.

Leur arrivée devra précéder celle de la prise elle-même.

ARTICLE XXIV.

Équipages des bâtiments de guerre capturés.

146. Si le navire capturé est un bâtiment de guerre, vous transborderez le capitaine, la majeure partie des officiers, une portion de l'équipage, et vous conduirez ces prisonniers dans un port français ou allié, ou occupé par les forces armées françaises ou alliées.

Voir décret du 15 mai 1910 sur le service à bord des bâtiments de la marine militaire, art. 339, 368, 369, 406, 407.

ARTICLE XXV.

Prise perdue par fortune de mer.

147. Si une prise est perdue par fortune de mer, il importe de constater le fait avec le plus grand soin et d'en faire l'objet d'un rapport adressé sans délai au Ministre de la Marine.

ARTICLE XXVI.

Réarmement et emploi des navires capturés.

148. Si l'intérêt public l'exige, vous pourrez réarmer les navires ennemis capturés et les employer pour les besoins du service, après en avoir, autant que possible, fait dresser un inventaire sommaire avec estimation.

149. Vous pourrez également utiliser, pour le service de la flotte, les cargaisons des navires ennemis, après en avoir fait dresser un inventaire estimatif détaillé.

150. Vous aurez également la faculté d'en agir ainsi pour les approvisionnements du navire, notamment pour les combustibles et les matières grasses.

151. Les procès-verbaux rédigés en exécution de ces dispositions devront être joints au dossier de la prise; un double en sera adressé au Ministre de la Marine, et un autre au capitaine du navire capturé.

ARTICLE XXVII.

Interdiction de la rançon.

152. Il vous est interdit de consentir un traité de rançon.

ARTICLE XXVIII.

Destruction des prises ennemies.

153. Les prises doivent être amarinées, conduites dans un port national ou allié, et non pas détruites.

Par exception, vous êtes autorisé à détruire toute prise dont la conservation compromettrait votre propre sécurité ou le succès de vos opérations, notamment si vous ne pouvez conserver la prise sans affaiblir votre équipage.

154. Avant la destruction, vous mettrez en sûreté les personnes, quelles qu'elles soient, qui se trouvent à bord, ainsi que tous les papiers et documents utiles pour le jugement de la prise.

155. En cas de combat provoqué par une résistance armée, ceux qui montent le navire suivent la fortune des armes.

ARTICLE XXIX.

Destruction des prises neutres.
Destruction des marchandises.

156. Un navire neutre capturé ne peut être détruit par le capteur; mais il doit être conduit dans un port national ou allié, pour y être statué ce que de droit sur la validité de la capture.

157*. Par exception, un navire neutre capturé et dont la confiscation vous apparaîtrait certaine peut être détruit, si sa conservation et son convoi peuvent compromettre la sécurité de votre bâtiment ou le succès des opérations dans lesquelles vous êtes engagé.

158. Avant la destruction, les personnes qui se trouvent à bord devront être mises en sûreté, et tous les papiers de bord et autres pièces que les intéressés estimeront utiles pour le jugement sur la validité de la capture devront être transbordés sur votre bâtiment.

159*. Je vous rappelle que le capteur qui a détruit un navire neutre doit, préalablement à tout jugement sur la validité de la capture, justifier en fait avoir agi en présence d'une nécessité exceptionnelle dans le sens du paragraphe 157.

160. Si le navire n'est pas sujet à confiscation ou s'il y a doute, vous aurez la faculté d'exiger la remise ou de procéder à la destruction des marchandises confiscables trouvées à bord dudit navire, lorsque les circonstances justifieraient la destruction d'un navire passible de confiscation. Vous mentionnerez alors les objets livrés ou détruits sur le livre de bord du navire arrêté, et vous vous ferez remettre par le capitaine copie certifiée conforme de tous papiers utiles. Lorsque la remise ou la destruction a été effectuée et que les formalités ont été remplies, le capitaine doit être autorisé à continuer sa route.

L'oubli de ces formalités engage la responsabilité du capteur.

ARTICLE XXX.

Recousse.

161. En cas de capture par l'ennemi d'un bâtiment national ou allié, vous devez vous efforcer d'en opérer la recousse.

Dans ce cas et dans celui où vous reprendriez sur l'ennemi un bâtiment neutre, vous retiendrez le personnel militaire ennemi trouvé à bord, et vous relâcherez purement et simplement le navire.

Pour le personnel ennemi non militaire trouvé à bord du même navire, vous vous conformerez aux articles 6 et 7 de la Convention XI de La Haye.

ARTICLE XXXI.

Application des principes de la Convention concernant les lois et coutumes de la guerre sur terre (IVe Convention et Règlement annexe de la 2e Conférence de La Haye).

162. Si vous êtes conduit à opérer un débarquement et à poursuivre vos opérations à terre, vous observerez les prescriptions de la Convention IV de La Haye concernant les lois et coutumes de la guerre sur terre et du règlement annexé à ladite Convention.

ARTICLE XXXII.

Bombardement par des forces navales en temps de guerre.

163. Vous vous conformerez strictement aux dispositions de la IXe Convention de La Haye, du 18 octobre 1907, concernant le bombardement par des forces navales en temps de guerre.

ARTICLE XXXIII.

Pose des mines sous-marines automatiques de contact.

164. Vous vous conformerez également aux dispositions de la VIIIe Conférence de La Haye, du 18 octobre 1907, relative à la pose des mines sous-marines automatiques de contact.

ARTICLE XXXIV.

165. Les présentes instructions entreront immédiatement en vigueur.

166. Sont et demeurent abrogées toutes les dispositions contraires.

Paris, le 19 décembre 1912.

Le Ministre de la Marine,

DELCASSÉ.

ANNEXES I

Annexes I.

—

N° 1.

DÉCLARATION DU CONGRÈS DE PARIS
EN DATE DU 16 AVRIL 1856.

Les plénipotentiaires qui ont signé le traité de Paris du 30 mars 1856, réunis en conférence,

Considérant :

Que le droit maritime en temps de guerre a été pendant longtemps l'objet de contestations regrettables ;

Que l'incertitude du droit et des devoirs, en pareille matière, donne lieu, entre les neutres et les belligérants, à des divergences d'opinion qui peuvent faire naître des difficultés sérieuses et même des conflits ;

Qu'il y a avantage, par conséquent, à établir une doctrine uniforme sur un point aussi important :

Que les plénipotentiaires assemblés au Congrès de Paris ne sauraient mieux répondre aux intentions dont leurs gouvernements sont animés qu'en cherchant à introduire dans les rapports internationaux des principes fixes à cet égard ;

Dûment autorisés, les plénipotentiaires sont convenus de se concerter sur les moyens d'atteindre ce but, et, étant tombés d'accord, ont arrêté la déclaration solennelle ci-après :

1° La course est et demeure abolie ;

2° Le pavillon neutre couvre la marchandise ennemie, à l'exception de la contrebande de guerre ;

3° La marchandise neutre, à l'exception de la contrebande de guerre, n'est pas saisissable sous pavillon ennemi ;

4° Les blocus, pour être obligatoires, doivent être effectifs, c'est-à-dire maintenus par une force suffisante pour interdire réellement l'accès du littoral de l'ennemi.

Les gouvernements des plénipotentiaires soussignés s'engagent à porter cette déclaration à la connaissance des États qui n'ont pas été appelés à participer au Congrès de Paris et les inviter à y accéder.

Convaincus que les maximes qu'ils viennent de proclamer ne sauraient être accueillies qu'avec gratitude par le monde entier, les plénipotentiaires soussignés ne doutent pas que les efforts de leurs gouvernements, pour en généraliser l'adoption, ne soient couronnés d'un plein succès.

La présente déclaration n'est et ne sera obligatoire qu'entre les puissances qui y ont ou qui y auront accédé.

Fait à Paris, le 16 avril 1856.

<table>
<tr><td>Signé : A. WALEWSKI.
BOURQUENEY.
BUOL-SCHAUENSTEIN.
HUBNER.
CLARENDON.
COWLEY.
MANTEUFFEL.</td><td>Signé : HATZFELD.
ORLOFF.
BRUNOW.
CAVOUR.
DE VILLAMARINA.
AALI.
MEHEMMED-DJEMIL.</td></tr>
</table>

NOTA. I. Les principes de la déclaration du Congrès de Paris seront applicables même aux puissances qui n'auront point adhéré à cette déclaration.

II. Les puissances qui ont adhéré à la déclaration ci-dessus sont les suivantes :
En Europe : Allemagne, Angleterre, Autriche-Hongrie, Belgique, Danemark, Espagne, France, Grèce, Hollande, Italie, Portugal, Russie, Suède, Norvège, Suisse, Turquie.
En Amérique : Brésil, Chili, Confédération argentine, Équateur, Guatemala. Haïti, Mexique, Pérou, Salvador.
En Asie : Japon.

Les principales nations qui n'ont pas adhéré sont :
La Chine et les États-Unis.

ANNEXES I.

N° 2.

LE MINISTRE DE LA MARINE *à Messieurs les Vice-Amiraux commandant en chef, Préfets maritimes; Officiers généraux, supérieurs et autres commandant à la mer; Gouverneurs généraux et Gouverneurs des Colonies, les Ambassadeurs, Ministres et Consuls généraux; Consuls et Vice-Consuls de France à l'étranger.*

Cabinet du Ministre : *Contentieux;* État-Major général : *3ᵉ Section.*
Services auxiliaires de la Flotte : *Bureau des Approvisionnements de la Flotte.*

Paris, le 8 novembre 1900.

Notification d'un décret du 8 mai 1900 concernant l'exercice du droit de réquisition pour le service de l'Armée de mer.

MESSIEURS, vous trouverez ci-après le texte d'un décret en date du 8 mai dernier, rendu en exécution de l'article 35 de la loi du 3 juillet 1877, modifiée par la loi du 17 juillet 1898, et portant règlement d'administration publique pour l'exercice du droit de réquisition afférent aux besoins de l'armée de mer.

Je crois devoir accompagner des explications suivantes la notification de cet acte qui a été promulgué au *Journal officiel* du 11 mai 1900.

La loi du 3 juillet 1877 et le règlement du 2 août de la même année, qui y faisait suite, avaient surtout pour but de déterminer le rôle et les droits des autorités maritimes en matière de réquisitions, pour le cas où, la mobilisation générale étant effectuée, la Marine serait appelée à prêter son concours à l'armée de terre; la législation de 1877 laissait donc une lacune en ce qui touche l'hypothèse où l'armée de terre aurait à opérer isolément, soit dans une guerre exclusivement maritime, soit à l'occasion d'une simple expédition coloniale ne comportant aucun état de guerre.

La loi du 17 juillet 1898 a comblé cette double lacune en spécifiant que les réquisitions exercées pour les besoins de l'armée de mer pourraient être effectuées «en tout temps et en tout lieu». Quant au règlement d'administration publique du 8 mai dernier, il tend spécialement à préciser les agents et les conditions de la réquisition.

Pour bien comprendre la portée des dispositions nouvelles qui s'intercalent, par voie de modification, dans l'ancien décret du 2 août 1877, il faut considérer tout d'abord que des règles distinctes sont posées en ce qui touche la réquisition des navires de commerce et de leur matériel d'armement, ou pour la réquisition des objets énumérés à l'article 5 de la loi du 3 juillet 1877. Les premières, destinées à doter l'armée de mer des navires auxiliaires dont elle peut avoir besoin, sont effectuées sur la délégation du Ministre de la Marine, sans limitation de temps ni de lieu, c'est-à-dire même en l'absence de mobilisation et même hors de France. Toutefois, en raison des traités que la France a conclus avec la plus grande partie des nations maritimes, les réquisitions ne doivent porter, aussi bien dans les ports français qu'en dehors des eaux françaises, que sur des navires français.

La seconde nature des réquisitions, analogue à celle à laquelle peut recourir l'armée de terre, ne peut être employée qu'en cas de mobilisation totale ou partielle; hors de ce cas, la réquisition doit être signée directement et sans aucune délégation du Ministre.

L'article 65 nouveau énumère d'une manière assez précise les autorités qui peuvent être investies du droit de réquisition pour que des explications complémentaires soient superflues. Cependant il y est question d'une délégation du Ministre de la Marine : or, si pour ce qui est de la France, cette délégation pourra toujours intervenir en temps utile, fût-ce par le télégraphe, il pourrait, si une guerre venait à éclater, en être différemment en dehors des eaux territoriales métropolitaines, spécialement aux colonies ou à l'étranger; soit que les communications télégraphiques fussent interrompues et ne permissent pas d'aviser de la déclaration de guerre, soit que les hostilités eussent commencé inopinément et sans déclaration préalable. En prévision de ces hypothèses ou de toute autre analogue, j'entends que MM. les Commandants en chef et Commandants de force navale, Gouverneurs généraux et Gouverneurs des colonies, Ambassadeurs, Ministres, Consuls généraux, Consuls et Vice-Consuls se tiennent pour investis conditionnellement, c'est-à-dire pour les cas d'attaque inopinée ou de faits de guerre coïncidant avec une rupture de communications, et je leur confère dès maintenant cette investiture du droit d'exercer dans les limites de la loi du 17 juillet 1898 et du décret du 8 mai 1900, à l'encontre des navires de commerce français, telles réquisitions qui seraient nécessaires pour les besoins de l'armée de mer.

Il y a lieu de remarquer, toutefois, que les présentes instructions, non plus que le décret du 8 mai, ne concernent pas les réquisitions que MM. les Gouverneurs des colonies, ou les Commandants supérieurs des troupes qui y sont stationnées, pourraient avoir à exercer pour les besoins de la défense terrestre et de l'armée coloniale.

Le droit de réquisition s'étend non seulement au navire, mais encore à tout ce qui peut servir à son utilisation (charbon, matières grasses, vivres, etc.), et même aux marchandises présentes à bord et appartenant à des Français; mais mon intention est que l'exercice de cette dernière faculté soit strictement limité aux marchandises ayant le caractère d'objets d'approvisionnements ou de vivres, et affecté exclusivement aux opérations militaires se rattachant à des expéditions coloniales ou maritimes. En ce qui touche la réserve inscrite à l'avant-dernier paragraphe de l'article 66, elle avait trait aux marchandises qui, trouvées à bord d'un navire français, seraient reconnues appartenir à des sujets étrangers dont le gouvernement aurait passé avec la France des conventions stipulant à ce sujet des privilèges spéciaux. Mais le grand nombre de traités existants me conduit à vous enjoindre de ne faire porter, en temps de paix, vos réquisitions sur aucun chargement étranger. Il n'y aurait lieu de déroger à cette règle que si la réciprocité nous était refusée par un État maritime, et je vous informerais spécialement de cette circonstance.

Ainsi que vous le verrez par le texte des articles 71 et suivants du décret, le règlement des indemnités dues en matière de réquisition de navires a pour base les états descriptifs et procès-verbaux dressés au moment de la remise du navire; je ne saurais donc trop insister sur la nécessité de rédiger ces pièces avec le plus grand soin. La liquidation est toujours faite en France. D'ailleurs vous recevrez ultérieurement, s'il y a lieu, avis des conventions particulières qui pourraient être conclues entre le Département de la Marine et certaines compagnies de navigation, en conformité de l'article 73, § 1er, du décret du 8 mai dernier.

Le dernier paragraphe du même article, respectant le principe posé dans la loi du 3 juillet 1877, attribue aux tribunaux civils la connaissance des contestations soulevées par le règlement des indemnités; mais il est à peine besoin de faire remarquer que cette compétence s'applique aux suites pécuniaires de la réquisition, sans pouvoir en aucun cas paralyser l'exercice du droit de l'autorité maritime.

J'appelle votre attention sur l'importance de l'acte nouveau qui complète la série des mesures législatives prises, depuis deux ans, en vue de la constitution et du bon fonctionnement de la Flotte de réserve.

Recevez, Messieurs, etc.

Signé : DE LANESSAN.

DÉCRET *concernant l'exercice du droit de réquisition pour le service de l'Armée de mer.*

(Du 8 mai 1900.)

Marine. — Affaires étrangères. — Colonies.

LE PRÉSIDENT DE LA RÉPUBLIQUE FRANÇAISE,

Sur le rapport des Ministres de la Marine, des Affaires étrangères et des Colonies;

Vu la loi du 3 juillet 1877, sur les réquisitions militaires, et notamment l'article 35, modifié par la loi du 17 juillet 1898, ainsi conçu : « ... Les dispositions de la présente loi sont applicables, en tout temps et en tout lieu, aux réquisitions exercées pour les besoins de l'armée de mer.

«Un règlement d'administration publique déterminera les attributions de l'autorité maritime ou de toute autre autorité française qu'elle déléguerait, en ce qui concerne le droit de requérir et les conditions d'exécution des réquisitions»;

Vu le décret du 2 août 1877, portant règlement d'administration publique pour l'exécution de la loi du 3 juillet 1877;

Le Conseil d'État entendu,

DÉCRÈTE :

ARTICLE PREMIER.

Le titre VII du décret du 2 août 1877 est modifié comme suit :

TITRE VII.

DES RÉQUISITIONS DE L'AUTORITÉ MARITIME.

ART. 65. En France, les préfets maritimes, les officiers des corps de la Marine investis d'un commandement et les officiers du commissariat de la Marine peuvent, sur la délégation du Ministre de la Marine, en tout temps et en tout lieu, réquisitionner les navires de commerce et embarcations de toute nature avec le matériel et les objets existant à bord, que l'autorité requérante juge à propos de conserver.

Hors des eaux territoriales métropolitaines, les mêmes réquisitions peuvent être faites sur la délégation du Ministre de la Marine, en tout temps et en tout lieu, par tout officier commandant une force navale ou un bâtiment isolé, tout représentant diplomatique ou consulaire, tout gouverneur de colonie.

ART. 66. Dans les cas prévus à l'article précédent, lorsque la réquisition n'est pas exercée directement par le représentant de la Marine, elle doit être adressée à ce dernier qui, en cette circonstance, a les mêmes droits et les mêmes devoirs que le maire. Lorsqu'il n'y a pas de représentant de la Marine, elle est adressée, soit dans un port, soit en mer, directement au capitaine, maître ou patron. Elle est faite par écrit, mais sans que l'emploi d'un carnet à souche soit imposé. La réquisition du navire entraîne, pour le capitaine, maître ou patron, l'obligation de débarquer au port désigné par l'autorité requérante, les passagers ainsi que les objets non conservés à bord.

Il est dressé, au moment de la remise, un état descriptif du navire et un inventaire du matériel et des objets de consommation conservés, ainsi que des marchandises réquisitionnées. Les procès-verbaux sont établis contradictoirement par un représentant de l'autorité requérante et par le capitaine, maître ou patron, lesquels, en cas de désaccord, consignent leurs observations sur ces procès-verbaux. Ces documents sont rédigés en deux originaux, dont l'un reste entre les mains du représentant du navire, et dont l'autre est transmis au Ministre de la Marine.

Les marchandises transportées ne peuvent être réquisitionnées que sous réserve des dispenses accordées par les conventions internationales.

La réquisition peut s'appliquer à l'état-major et à l'équipage, qui sont tenus de prêter leur concours toutes les fois où il ne s'agit pas d'armer le navire en qualité de croiseur auxiliaire.

Art. 67. Exceptionnellement, et seulement en cas de mobilisation totale ou partielle, tout officier de marine commandant une force navale, un bâtiment isolé ou un détachement à terre peut, dans les mêmes conditions, sans délégation du Ministre et sous sa responsabilité personnelle, requérir les prestations nécessaires aux navires et aux hommes qu'il commande.

Art. 68. En cas de mobilisation totale ou partielle, l'autorité maritime exerce, comme l'autorité militaire, des réquisitions portant sur les objets énumérés dans l'article 5 de la loi du 3 juillet 1877.

En cas de mobilisation partielle, des arrêtés du Ministre de la Marine déterminent l'époque où pourra commencer et celle où devra se terminer l'exercice du droit de réquisition.

Les vice-amiraux commandant en chef, préfets maritimes, peuvent seuls exercer de plein droit lesdites réquisitions. Ils peuvent déléguer le droit de requérir aux officiers du Commissariat de la Marine et aux officiers du corps de la Marine investis d'un commandement ou d'une commission. Ces réquisitions sont extraites d'un carnet à souche; elles sont adressées aux maires comme les réquisitions de l'autorité militaire et ordonnées ou exécutées suivant les règles établies par les articles composant les titres II, III et IV du présent décret.

Art. 69. En dehors du cas de mobilisation totale ou partielle les réquisitions prévues à l'article précédent ne peuvent être exercées que sur l'ordre direct du Ministre de la Marine. Ces réquisitions, signées par le Ministre, sont adressées aux maires et exécutées suivant les règles rappelées à l'article 68.

Art. 70. Lorsque des troupes de l'armée de terre prennent part à une opération maritime dirigée par un officier d'un corps de la Marine, les réquisitions relatives à ces troupes sont ordonnées au nom et pour le compte de l'autorité maritime.

Lorsque des marins ou des troupes de l'armée de terre sont employés à terre à des opérations de l'armée de terre, les réquisitions relatives à ces troupes sont exercées au nom et pour le compte de l'autorité militaire.

Art. 71. Dans les arrondissements et sous-arrondissements maritimes où il est exercé soit des réquisitions de l'autorité maritime, soit des réquisitions de l'autorité militaire, relatives à des navires, embarcations et à leurs équipages, il est créé une Commission mixte d'évaluation composée de trois, cinq ou sept membres, selon l'importance des réquisitions.

Le Ministre de la Marine fixe ce nombre et peut déléguer au préfet maritime le soin de nommer les membres de ces commissions.

Les articles 46 et 47 du présent décret sont applicables auxdites commissions.

ART. 72. Toutes les fois qu'il y a lieu d'évaluer les indemnités qui peuvent être dues pour des réquisitions exercées par l'autorité militaire, par application de l'article 23 de la loi du 3 juillet 1877, cette évaluation est faite par la Commission indiquée dans l'article précédent, complétée par l'adjonction d'un fonctionnaire de l'Intendance nommé par le Ministre de la Guerre ou, sur sa délégation, par le Commandant de région.

En cas de partage, la voix du président est prépondérante.

ART. 73. Le règlement et la liquidation des indemnités relatives aux réquisitions de l'autorité maritime s'effectuent suivant les règles établies pour les réquisitions de l'autorité militaire, sans préjudice des conventions conclues entre l'État et les compagnies propriétaires de navires.

La Commission d'évaluation visée à l'article 71 transmet son avis à l'officier du Commissariat chargé par le Ministre de fixer cette indemnité.

Les notifications prévues à l'article 51 sont faites par cet officier.

Lorsque la réquisition est effectuée dans les conditions prévues à l'article 65 ci-dessus, le règlement et la liquidation se font de la façon suivante :

L'évaluation de l'indemnité est faite sur le vu de l'état descriptif des procès-verbaux mentionnés à l'article 66 ci-dessus, par une des commissions d'arrondissements ou de sous-arrondissements maritimes prévues à l'article 71, et spécialement désignée par le Ministre de la Marine pour être saisie de l'affaire.

La décision de l'officier du Commissariat chargé par le Ministre de fixer l'indemnité, accompagnée des états descriptifs et procès-verbaux susmentionnés, est signifiée directement, en la forme administrative, soit au capitaine, maître ou patron du navire, en même temps qu'à l'armateur, par l'officier du Commissariat de la Marine, qui revêt ces divers documents de son visa et de l'indication de la date à laquelle est effectuée la signification, soit au propriétaire des marchandises réquisitionnées ou à tous autres intéressés par les soins du Ministre de la Marine lui-même.

En cas de contestation, le juge de paix ou le tribunal de première instance compétent est celui du ressort dont relève la Commission d'arrondissement ou de sous-arrondissement maritime désigné par le Ministre pour statuer sur l'affaire.

En cas d'acceptation de l'indemnité, le montant est ordonnancé et mandaté par les soins de l'autorité maritime.

ART. 2.

Les Ministres de la Marine, des Affaires étrangères et des Colonies sont chargés, chacun en ce qui le concerne, de l'exécution du présent décret, qui sera publié au *Journal officiel* et inséré au *Bulletin des lois*.

Fait à Paris, le 8 mai 1900.

ÉMILE LOUBET.

Par le Président de la République :

Le Ministre de la Marine,

DE LANESSAN.

Le Ministre des Colonies,

ALBERT DECRAIS.

Le Ministre des Affaires étrangères,

DELCASSÉ.

Annexes I.

N° 3.

CONVENTION III

RELATIVE À L'OUVERTURE DES HOSTILITÉS [1].

(Indication des souverains et chefs d'État.)

. . . .

Considérant que, pour la sécurité des relations pacifiques, il importe que les hostilités ne commencent pas sans un avertissement préalable;

Qu'il importe, de même, que l'état de guerre soit notifié sans retard aux puissances neutres;

Désirant conclure une convention à cet effet, ont nommé pour leurs plénipotentiaires, savoir :

. . . .

(Suit la liste des plénipotentiaires.)

. . . .

Lesquels, après avoir déposé leurs pleins pouvoirs, trouvés en bonne et due forme, sont convenus des dispositions suivantes :

ARTICLE PREMIER.

Les puissances contractantes reconnaissent que les hostilités entre elles ne doivent pas commencer sans un avertissement préalable et non équivoque, qui aura soit la forme d'une déclaration de guerre motivée, soit celle d'un ultimatum avec déclaration de guerre conditionnelle.

ART. 2.

L'état de guerre devra être notifié sans retard aux puissances neutres et ne produira effet à leur égard qu'après réception d'une notification qui pourra être faite même par voie télégraphique. Toutefois les puissances neutres ne pourraient invoquer l'absence de notification, s'il était établi d'une manière non douteuse qu'en fait elles connaissaient l'état de guerre.

---

[1] Convention de La Haye, 1907; voir décret du 2 décembre 1910, *Journal officiel* du 8 décembre 1910.

ART. 3.

L'article 1ᵉʳ de la présente Convention produira effet en cas de guerre entre deux ou plusieurs des puissances contractantes.

L'article 2 est obligatoire dans les rapports entre un belligérant contractant et les puissances neutres également contractantes.

ART. 4.

La présente Convention sera ratifiée aussitôt que possible.

Les ratifications seront déposées à La Haye.

Le premier dépôt de ratifications sera constaté par un procès-verbal signé par les représentants des puissances qui y prennent part et par le ministre des affaires étrangères des Pays-Bas.

Les dépôts ultérieurs de ratifications se feront au moyen d'une notification écrite adressée au Gouvernement des Pays-Bas et accompagnée de l'instrument de ratification.

Copie certifiée conforme du procès-verbal relatif au premier dépôt de ratifications, des notifications mentionnées à l'alinéa précédent ainsi que des instruments de ratification, sera immédiatement remise par les soins du Gouvernement des Pays-Bas et par la voie diplomatique aux puissances conviées à la deuxième Conférence de la paix, ainsi qu'aux autres puissances qui auront adhéré à la Convention. Dans les cas visés par l'alinéa précédent, ledit Gouvernement leur fera connaître en même temps la date à laquelle il a reçu la notification.

ART. 5.

Les puissances non signataires sont admises à adhérer à la présente Convention.

. La puissance qui désire adhérer notifie par écrit son intention au Gouvernement des Pays-Bas en lui transmettant l'acte d'adhésion, qui sera déposé dans les archives dudit Gouvernement.

Ce Gouvernement transmettra immédiatement à toutes les autres puissances copie certifiée conforme de la notification ainsi que de l'acte d'adhésion, en indiquant la date à laquelle il a reçu la notification.

ART. 6.

La présente Convention produira effet, pour les puissances qui auront participé au premier dépôt de ratification, soixante jours après la date du procès-verbal de ce dépôt, et, pour les puissances qui ratifieront ultérieurement ou qui adhéreront, soixante jours après que la notification de leur ratification ou de leur adhésion aura été reçue par le Gouvernement des Pays-Bas.

ART. 7.

S'il arrivait qu'une des hautes parties contractantes voulût dénoncer la présente Convention, la dénonciation sera notifiée par écrit au Gouvernement des Pays-Bas, qui communiquera immédiatement copie certifiée conforme de la notification à toutes les autres puissances en leur faisant savoir la date à laquelle il l'a reçue.

La dénonciation ne produira ses effets qu'à l'égard de la puissance qui l'aura notifiée et un an après que la notification en sera parvenue au Gouvernement des Pays-Bas.

ART. 8.

Un registre tenu par le Ministre des affaires étrangères des Pays-Bas indiquera la date du dépôt de ratification effectué en vertu de l'article 4, alinéas 3 et 4, ainsi que la date à laquelle auront été reçues les notifications d'adhésion (article 5, alinéa 2) ou de dénonciation (article 7, alinéa 1).

Chaque puissance contractante est admise à prendre connaissance de ce registre et à en demander des extraits certifiés conformes.

En foi de quoi, les plénipotentiaires ont revêtu la présente Convention de leurs signatures.

Fait à La Haye, le dix-huit octobre mil neuf cent sept, en un seul exemplaire qui restera déposé dans les archives du Gouvernement des Pays-Bas et dont les copies, certifiées conformes, seront remises par la voie diplomatique aux puissances qui ont été conviées à la deuxième Conférence de la paix.

Annexes I.

N° 4.

LOIS ET COUTUMES DE LA GUERRE SUR TERRE.

CONVENTION IV

CONCERNANT LES LOIS ET COUTUMES DE LA GUERRE SUR TERRE [1].

(Indication des souverains et chefs d'État.)

. . . .

Considérant que, tout en recherchant les moyens de sauvegarder la paix et de prévenir les conflits armés entre les nations, il importe de se préoccuper également du cas où l'appel aux armes serait amené par des événements que leur sollicitude n'aurait pu détourner;

Animés du désir de servir encore, dans cette hypothèse extrême, les intérêts de l'humanité et les exigences toujours progressives de la civilisation;

Estimant qu'il importe, à cette fin, de reviser les lois et coutumes générales de la guerre, soit dans le but de les définir avec plus de précision, soit afin d'y tracer certaines limites destinées à en restreindre autant que possible les rigueurs,

Ont jugé nécessaire de compléter et de préciser sur certains points l'œuvre de la première Conférence de la paix qui, s'inspirant, à la suite de la Conférence de Bruxelles de 1874, de ces idées recommandées par une sage et généreuse prévoyance, a adopté des dispositions ayant pour objet de définir et de régler les usages de la guerre sur terre.

Selon les vues des hautes parties contractantes, ces dispositions, dont la rédaction a été inspirée par le désir de diminuer les maux de la guerre, autant que les nécessités militaires le permettent, sont destinées à servir de règle générale de conduite aux belligérants, dans leurs rapports entre eux et avec les populations.

Il n'a pas été possible toutefois de concerter dès maintenant des stipulations s'étendant à toutes les circonstances qui se présentent dans la pratique.

D'autre part, il ne pouvait entrer dans les intentions des hautes parties contractantes que les cas non prévus fussent, faute de stipulation écrite, laissés à l'appréciation arbitraire de ceux qui dirigent les armées.

En attendant qu'un code plus complet des lois de la guerre puisse être édicté, les hautes parties contractantes jugent opportun de constater que, dans les cas non compris dans les dispositions réglementaires adoptées par elles, les populations et les belligérants restent sous la sauvegarde et sous l'empire des principes et du droit

---

[1] Convention de La Haye, 1907; voir décret du 2 décembre 1910, *Journal officiel* du 8 décembre 1910.

des gens, tels qu'ils résultent des usages établis entre nations civilisées, des lois de l'humanité et des exigences de la conscience publique.

Elles déclarent que c'est dans ce sens que doivent s'entendre notamment les articles 1 et 2 du règlement adopté.

Les hautes parties contractantes, désirant conclure une nouvelle Convention à cet effet, ont nommé pour leurs plénipotentiaires, savoir :

. . . .

(Suit la liste des plénipotentiaires.)

. . . .

Lesquels, après avoir déposé leurs pleins pouvoirs, trouvés en bonne et due forme, sont convenus de ce qui suit :

ARTICLE PREMIER.

Les puissances contractantes donneront à leurs forces armées de terre des instructions qui seront conformes au règlement concernant les lois et coutumes de la guerre sur terre, annexé à la présente Convention.

ART. 2.

Les dispositions contenues dans le règlement visé à l'article 1er ainsi que dans la présente Convention, ne sont applicables qu'entre les puissances contractantes et seulement si les belligérants sont tous parties à la Convention.

ART. 3.

La partie belligérante qui violerait les dispositions dudit règlement sera tenue à indemnité, s'il y a lieu. Elle sera responsable de tous actes commis par les personnes faisant partie de sa force armée.

ART. 4.

La présente Convention dûment ratifiée remplacera, dans les rapports entre les puissances contractantes, la Convention du 29 juillet 1899 concernant les lois et coutumes de la guerre sur terre.

La Convention de 1899 reste en vigueur dans les rapports entre les puissances qui l'ont signée et qui ne ratifieraient pas également la présente Convention.

ART. 5.

La présente Convention sera ratifiée aussitôt que possible.

Les ratifications seront déposées à La Haye.

Le premier dépôt de ratification sera constaté par un procès-verbal signé par les représentants des puissances qui y prennent part et par le Ministre des affaires étrangères des Pays-Bas.

Les dépôts ultérieurs de ratifications se feront au moyen d'une notification écrite adressée au Gouvernement des Pays-Bas et accompagnée de l'instrument de ratification.

Copie certifiée conforme du procès-verbal relatif au premier dépôt de ratifications, des notifications mentionnées à l'alinéa précédent ainsi que des instruments de ratification, sera immédiatement remise par les soins du Gouvernement des Pays-Bas et par la voie diplomatique aux puissances conviées à la deuxième Convention de la paix, ainsi qu'aux autres puissances qui auront adhéré à la Convention. Dans les cas visés par l'alinéa précédent, ledit Gouvernement leur fera connaître en même temps la date à laquelle il a reçu la notification.

ART. 6.

Les puissances non signataires sont admises à adhérer à la présente Convention.

La puissance qui désire adhérer notifie par écrit son intention au Gouvernement des Pays-Bas en lui transmettant l'acte d'adhésion qui sera déposé dans les archives dudit Gouvernement.

Ce Gouvernement transmettra immédiatement à toutes les autres puissances copie certifiée conforme de la notification ainsi que de l'acte d'adhésion, en indiquant la date à laquelle il a reçu notification.

ART. 7.

La présente Convention produira effet, pour les puissances qui auront participé au premier dépôt de ratifications, soixante jours après la date du procès-verbal de ce dépôt et, pour les puissances qui ratifieront ultérieurement ou qui adhéreront, soixante jours après que la notification de leur ratification ou de leur adhésion aura été reçue par le Gouvernement des Pays-Bas.

ART. 8.

S'il arrivait qu'une des puissances contractantes voulût dénoncer la présente Convention, la dénonciation sera notifiée par écrit au Gouvernement des Pays-Bas, qui communiquera immédiatement copie certifiée conforme de la notification à toutes les autres puissances en leur faisant savoir la date à laquelle il l'a reçue.

La dénonciation ne produira ses effets qu'à l'égard de la puissance qui l'aura notifiée et un an après que la notification en sera parvenue au Gouvernement des Pays-Bas.

ART. 9.

Un registre tenu par le Ministère des affaires étrangères des Pays-Bas indiquera la date du dépôt de ratifications effectué en vertu de l'article 5, alinéas 3 et 4, ainsi que la date à laquelle auront été reçues les notifications d'adhésion (art. 6, alinéa 2) ou de dénonciation (art. 3, alinéa 1).

Chaque puissance contractante est admise à prendre connaissance de ce registre et à en demander des extraits certifiés conformes.

En foi de quoi, les plénipotentiaires ont revêtu la présente convention de eurs signatures.

Fait à La Haye, le 18 octobre 1907, en un seul exemplaire qui restera déposé dans les archives du Gouvernement des Pays-Bas, et dont des copies certifiées conformes seront remises par la voie diplomatique aux puissances qui ont été conviées à la deuxième Conférence de la paix.

ANNEXE À LA CONVENTION.

RÈGLEMENT CONCERNANT LES LOIS ET COUTUMES DE LA GUERRE SUR TERRE.

SECTION PREMIÈRE.

Des belligérants.

CHAPITRE PREMIER.

DE LA QUALITÉ DE BELLIGÉRANT.

ARTICLE PREMIER.

Les lois, les droits et les devoirs de la guerre ne s'appliquent pas seulement à l'armée, mais encore aux milices et aux corps de volontaires réunissant les conditions suivantes :

1° D'avoir à leur tête une personne responsable pour ses subordonnés ;

2° D'avoir un signe distinctif fixe et reconnaissable à distance ;

3° De porter les armes ouvertement ;

4° De se conformer dans leurs opérations aux lois et coutumes de la guerre ;

Dans les pays où les milices ou des corps de volontaires constituent l'armée ou en font partie, ils sont compris sous la dénomination d'*armée*.

ART. 2.

La population d'un territoire non occupé qui, à l'approche de l'ennemi, prend spontanément les armes pour combattre les troupes d'invasion sans avoir eu le temps de s'organiser conformément à l'article 1er. sera considérée comme belligérante si elle porte les armes ouvertement et si elle respecte les lois et coutumes de la guerre.

ART. 3.

Les forces armées des parties belligérantes peuvent se composer de combattants et de non-combattants. En cas de capture par l'ennemi, les uns et les autres ont droit au traitement des prisonniers de guerre.

CHAPITRE II.

DES PRISONNIERS DE GUERRE.

ART. 4.

Les prisonniers de guerre sont au pouvoir du gouvernement ennemi, mais non des individus ou des corps qui les ont capturés.

Ils doivent être traités avec humanité.

Tout ce qui leur appartient personnellement, excepté les armes, les chevaux et les papiers militaires, reste leur propriété.

ART. 5.

Les prisonniers de guerre peuvent être assujettis à l'internement dans une ville, forteresse, camp ou localité quelconque, avec obligation de ne pas s'en éloigner au delà de certaines limites déterminées ; mais ils ne peuvent être enfermés que par mesure de sûreté indispensable, et seulement pendant la durée des circonstances qui nécessitent cette mesure.

ART. 6.

L'État peut employer, comme travailleurs, les prisonniers de guerre, selon leur grade et leurs aptitudes, à l'exception des officiers. Ces travaux ne seront pas excessifs et n'auront aucun rapport avec les opérations de la guerre.

Les prisonniers peuvent être autorisés à travailler pour le compte d'administrations publiques ou de particuliers, ou pour leur propre compte.

Les travaux faits pour l'État sont payés d'après les tarifs en vigueur pour les militaires de l'armée nationale exécutant les mêmes travaux, ou, s'il n'en existe pas, d'après un tarif en rapport avec les travaux exécutés.

Lorsque les travaux ont lieu pour le compte d'autres administrations publiques ou pour des particuliers, les conditions en sont réglées d'accord avec l'autorité militaire.

Le salaire des prisonniers contribuera à adoucir leur position, et le surplus leur sera compté au moment de leur libération, sauf défalcation des frais d'entretien.

ART. 7.

Le gouvernement au pouvoir duquel se trouvent les prisonniers de guerre est chargé de leur entretien.

A défaut d'une entente spéciale entre les belligérants, les prisonniers de guerre seront traités pour la nourriture, le couchage et l'habillement sur le même pied que les troupes du gouvernement qui les aura capturés.

ART. 8.

Les prisonniers de guerre seront soumis aux lois, règlements et ordres en vigueur dans l'armée de l'État au pouvoir duquel ils se trouvent. Tout acte d'insubordination autorise, à leur égard, les mesures de rigueur nécessaires.

Les prisonniers évadés qui seraient repris avant d'avoir pu rejoindre leur armée ou avant de quitter le territoire occupé par l'armée qui les aura capturés sont passibles de peines disciplinaires.

Les prisonniers qui, après avoir réussi à s'évader, sont de nouveau faits prisonniers ne sont passibles d'aucune peine pour la fuite antérieure.

ART. 9.

Chaque prisonnier de guerre est tenu de déclarer, s'il est interrogé à ce sujet, ses véritables nom et grade, et, dans le cas où il enfreindrait cette règle, il s'exposerait à une restriction des avantages accordés aux prisonniers de guerre de sa catégorie.

ART. 10.

Les prisonniers de guerre peuvent être mis en liberté sur parole, si les lois de leur pays les y autorisent, et en pareil cas ils sont obligés, sous la garantie de leur honneur personnel, de remplir scrupuleusement, tant vis-à-vis de leur propre gouvernement que vis-à-vis de celui qui les a faits prisonniers, les engagements qu'ils auraient contractés.

Dans le même cas, leur propre gouvernement est tenu de n'exiger ni accepter d'eux aucun service contraire à la parole donnée.

ART. 11.

Un prisonnier de guerre ne peut être contraint d'accepter sa liberté sur parole; de même le gouvernement ennemi n'est pas obligé d'accéder à la demande du prisonnier réclamant sa mise en liberté sur parole.

ART. 12.

Tout prisonnier de guerre, libéré sur parole et repris portant les armes contre le gouvernement envers lequel il s'était engagé d'honneur, ou contre les alliés de celui-ci, perd le droit au traitement des prisonniers de guerre et peut être traduit devant les tribunaux.

ART. 13.

Les individus qui suivent une armée sans en faire directement partie, tels que les correspondants et les reporters de journaux, les vivandiers, les fournisseurs, qui tombent au pouvoir de l'ennemi et que celui-ci juge utile de détenir, ont droit au traitement des prisonniers de guerre, à condition qu'ils soient munis d'une légitimation de l'autorité militaire de l'armée qu'ils accompagnaient.

ART. 14.

Il est constitué, dès le début des hostilités, dans chacun des États belligérants, et, le cas échéant, dans les pays neutres qui auront recueilli des belligérants sur leur territoire, un bureau de renseignements sur les prisonniers de guerre. Ce bureau, chargé de répondre à toutes les demandes qui les concernent, reçoit des divers services compétents toutes les indications relatives aux internements et aux mutations, aux mises en liberté sur parole, aux échanges, aux évasions, aux entrées dans les hôpitaux, aux décès, ainsi que les autres renseignements nécessaires pour établir et tenir à jour une fiche individuelle pour chaque prisonnier de guerre. Le bureau devra porter sur cette fiche le numéro matricule, les nom et prénom, l'âge, le lieu d'origine, le grade, le corps de troupe, les blessures, la date et le lieu de la capture, de l'internement, des blessures et de la mort, ainsi que toutes les observations particulières. La fiche individuelle sera remise au gouvernement de l'autre belligérant après la conclusion de la paix.

Le bureau de renseignements est également chargé de recueillir et de centraliser tous les objets d'un usage personnel, valeurs, lettres, etc., qui seront trouvés sur les champs de bataille ou délaissés par des prisonniers libérés sur parole, échangés, évadés ou décédés dans les hôpitaux et ambulances, et de les transmettre aux intéressés.

ART. 15.

Les sociétés de secours pour les prisonniers de guerre, régulièrement constituées selon la loi de leur pays et ayant pour objet d'être les intermédiaires de l'action charitable, recevront, de la part des belligérants, pour elles et pour leurs agents dûment accrédités, toute facilité, dans les limites tracées par les nécessités militaires et les règles administratives, pour accomplir efficacement leur tâche d'humanité. Les délégués de ces sociétés pourront être admis à distribuer des secours dans les dépôts d'internement, ainsi qu'aux

lieux d'étapes des prisonniers rapatriés, moyennant une permission personnelle délivrée par l'autorité militaire, et en prenant l'engagement par écrit
de se soumettre à toutes les mesures d'ordre et de police que celle-ci pres-
crirait.

ART. 16.

Les bureaux de renseignements jouissent de la franchise de port. Les
lettres, mandats et articles d'argent, ainsi que les colis postaux destinés aux
prisonniers de guerre ou expédiés par eux, seront affranchis de toutes les
taxes postales, aussi bien dans les pays d'origine et de destination que dans
les pays intermédiaires.

Les dons et secours en nature destinés aux prisonniers de guerre seront
admis en franchise de tous droits d'entrée et autres, ainsi que des taxes de
transport sur les chemins de fer exploités par l'État.

ART. 17.

Les officiers prisonniers recevront la solde à laquelle ont droit les officiers
de même grade du pays où ils sont retenus, à charge de remboursement par
leur gouvernement.

ART. 18.

Toute latitude est laissée aux prisonniers de guerre pour l'exercice de leur
religion, y compris l'assistance aux offices de leur culte, à la seule condition
de se conformer aux mesures d'ordre et de police prescrites par l'autorité
militaire.

ART. 19.

Les testaments des prisonniers de guerre sont reçus ou dressés dans les
mêmes conditions que pour les militaires de l'armée nationale.

On suivra également les mêmes règles en ce qui concerne les pièces relatives à la constatation des décès, ainsi que pour l'inhumation des prisonniers
de guerre, en tenant compte de leur grade et de leur rang.

ART. 20.

Après la conclusion de la paix, le rapatriement des prisonniers de guerre
s'effectuera dans le plus bref délai possible.

CHAPITRE III.

DES MALADES ET DES BLESSÉS.

ART. 21.

Les obligations des belligérants concernant le service des malades et des
blessés sont régies par la Convention de Genève.

SECTION I.

Des hostilités.

CHAPITRE PREMIER.

DES MOYENS DE NUIRE À L'ENNEMI, DES SIÈGES ET DES BOMBARDEMENTS.

ART. 22.

Les belligérants n'ont pas un droit illimité quant au choix des moyens de nuire à l'ennemi.

ART. 23.

Outre les prohibitions établies par des conventions spéciales, il est notamment interdit :

a. D'employer du poison ou des armes empoisonnées ;

b. De tuer ou de blesser par trahison des individus appartenant à la nation ou à l'armée ennemie ;

c. De tuer ou de blesser un ennemi qui, ayant mis bas les armes ou n'ayant plus les moyens de se défendre, s'est rendu à discrétion ;

d. De déclarer qu'il ne sera pas fait de quartier ;

e. D'employer des armes, des projectiles ou des matières propres à causer des maux superflus ;

f. D'user indûment du pavillon parlementaire, du pavillon national ou des insignes militaires et de l'uniforme de l'ennemi, ainsi que des signes distinctifs de la Convention de Genève ;

g. De détruire ou de saisir des propriétés ennemies, sauf le cas où ces destructions ou ces saisies seraient impérieusement commandées par les nécessités de la guerre ;

h. De déclarer éteints, suspendus ou non recevables en justice les droits et actions des nationaux de la partie adverse.

Il est également interdit à un belligérant de forcer les nationaux de la partie adverse à prendre part aux opérations de guerre dirigées contre leur pays, même dans le cas où ils auraient été à son service avant le commencement de la guerre.

ART. 24.

Les ruses de guerre et l'emploi des moyens nécessaires pour se procurer des renseignements sur l'ennemi et sur le terrain sont considérés comme licites.

ART. 25.

Il est interdit d'attaquer ou de bombarder, par quelque moyen que ce soit, des villes, villages, habitations ou bâtiments qui ne sont pas défendus.

ART. 26.

Le commandant des troupes assaillantes, avant d'entreprendre le bombardement, et sauf le cas d'attaque de vive force, devra faire tout ce qui dépend de lui pour en avertir les autorités.

ART. 27.

Dans les sièges et bombardements, toutes les mesures nécessaires doivent être prises pour épargner, autant que possible, les édifices consacrés aux cultes, aux arts, aux sciences et à la bienfaisance, les monuments historiques, les hôpitaux et les lieux de rassemblement de malades et de blessés, à condition qu'ils ne soient pas employés en même temps à un but militaire.

Le devoir des assiégés est de désigner ces édifices ou lieux de rassemblement par des signes visibles spéciaux qui seront notifiés d'avance à l'assiégeant.

ART. 28.

Il est interdit de livrer au pillage une ville ou localité même prise d'assaut.

CHAPITRE II.

DES ESPIONS.

ART. 29.

Ne peut être considéré comme espion que l'individu qui, agissant clandestinement ou sous de faux prétextes, recueille ou cherche à recueillir des informations dans la zone d'opérations d'un belligérant, avec l'intention de les communiquer à la partie adverse.

Ainsi les militaires non déguisés qui ont pénétré dans la zone d'opérations de l'armée ennemie, à l'effet de recueillir des informations, ne sont pas considérés comme espions. De même ne sont pas considérés comme espions : les militaires et les non militaires, accomplissant ouvertement leur mission, chargés de transmettre des dépêches destinées soit à leur propre armée, soit à l'armée ennemie. A cette catégorie appartiennent également les individus envoyés en ballon pour transmettre les dépêches et, en général, pour entretenir les communications entre les diverses parties d'une armée ou d'un territoire.

ART. 3o.

L'espion pris sur le fait ne pourra être puni sans jugement préalable.

ART. 31.

L'espion qui, ayant rejoint l'armée à laquelle il appartient, est capturé plus tard par l'ennemi, est traité comme prisonnier de guerre et n'encourt aucune responsabilité pour les actes d'espionnage antérieurs.

CHAPITRE III.

DES PARLEMENTAIRES.

ART. 32.

Est considéré comme parlementaire l'individu autorisé par l'un des belligérants à entrer en pourparlers avec l'autre et se présentant avec le drapeau blanc. Il a droit à l'inviolabilité, ainsi que le trompette, clairon ou tambour, le porte-drapeau et l'interprète qui l'accompagneraient.

ART. 33.

Le chef auquel un parlementaire est expédié n'est pas obligé de le recevoir en toutes circonstances.

Il peut prendre toutes les mesures nécessaires afin d'empêcher le parlementaire de profiter de sa mission pour se renseigner.

Il a le droit, en cas d'abus, de retenir temporairement le parlementaire.

ART. 34.

Le parlementaire perd ses droits d'inviolabilité s'il est prouvé, d'une manière positive et irrécusable, qu'il a profité de sa position privilégiée pour provoquer ou commettre un acte de trahison.

CHAPITRE IV.

DES CAPITULATIONS.

ART. 35.

Les capitulations arrêtées entre les parties contractantes doivent tenir compte des règles de l'honneur militaire.

Une fois fixées, elles doivent être scrupuleusement observées par les deux parties.

CHAPITRE V.

DE L'ARMISTICE.

ART. 36.

L'armistice suspend les opérations de guerre par un accord mutuel des parties belligérantes. Si la durée n'en est pas déterminée, les parties belligérantes peuvent reprendre en tout temps les opérations, pourvu toutefois que l'ennemi soit averti en temps convenu, conformément aux conditions de l'armistice.

ART. 37.

L'armistice peut être général ou local. Le premier suspend partout les opérations de guerre des États belligérants; le second, seulement entre certaines fractions des armées belligérantes et dans un rayon déterminé.

ART. 38.

L'armistice doit être notifié officiellement et en temps utile aux autorités compétentes et aux troupes. Les hostilités sont suspendues immédiatement après la notification ou au terme fixé.

ART. 39.

Il dépend des parties contractantes de fixer, dans les clauses de l'armistice, les rapports qui pourraient avoir lieu, sur le théâtre de la guerre, avec les populations et entre elles.

ART. 40.

Toute violation grave de l'armistice, par l'une des parties, donne à l'autre le droit de le dénoncer et même, en cas d'urgence, de reprendre immédiatement les hostilités.

ART. 41.

La violation des clauses de l'armistice par des particuliers agissant de leur propre initiative donne droit seulement à réclamer la punition des coupables et, s'il y a lieu, une indemnité pour les pertes éprouvées.

SECTION III.

De l'autorité militaire sur le territoire de l'État ennemi.

ART. 42.

Un territoire est considéré comme occupé lorsqu'il se trouve placé de fait sous l'autorité de l'armée ennemie.

L'occupation ne s'étend qu'aux territoires où cette autorité est établie et en mesure de s'exercer.

ART. 43.

L'autorité du pouvoir légal ayant passé de fait entre les mains de l'occupant, celui-ci prendra toutes les mesures qui dépendent de lui en vue de rétablir et d'assurer autant qu'il est possible l'ordre et la vie publics, en respectant, sauf empêchement absolu, les lois en vigueur dans le pays.

ART. 44.

Il est interdit à un belligérant de forcer la population d'un territoire occupé à donner des renseignements sur l'armée de l'autre belligérant ou sur ses moyens de défense.

ART. 45.

Il est interdit de contraindre la population d'un territoire occupé à prêter serment à la puissance ennemie.

ART. 46.

L'honneur et les droits de la famille, la vie des individus et la propriété privée, ainsi que les convictions religieuses et l'exercice des cultes, doivent être respectés.

La propriété privée ne peut pas être confisquée.

ART. 47.

Le pillage est formellement interdit.

ART. 48.

Si l'occupant prélève, dans le territoire occupé, les impôts, droits et péages établis au profit de l'État, il le fera, autant que possible, d'après les règles de l'assiette et de la répartition en vigueur, et il en résultera pour lui l'obligation de pourvoir aux frais de l'administration du territoire occupé dans la mesure où le gouvernement légal y était tenu.

ART. 49.

Si, en dehors des impôts visés à l'article précédent, l'occupant prélève d'autres contributions en argent dans le territoire occupé, ce ne pourra être que pour les besoins de l'armée ou de l'administration de ce territoire.

ART. 50.

Aucune peine collective, pécuniaire ou autre, ne pourra être édictée contre les populations, à raison de faits individuels dont elles ne pourraient être considérées comme solidairement responsables.

ART. 51.

Aucune contribution ne sera perçue qu'en vertu d'un ordre écrit et sous la responsabilité d'un général en chef.

Il ne sera procédé, autant que possible, à cette perception que d'après les règles de l'assiette et de la répartition des impôts en vigueur.

Pour toute contribution, un reçu sera délivré aux contribuables.

ART. 52.

Des réquisitions en nature et des services ne pourront être réclamés des communes ou des habitants que pour les besoins de l'armée d'occupation. Ils seront en rapport avec les ressources du pays et de telle nature qu'ils n'impliquent pas pour les populations de prendre part aux opérations de la guerre contre leur patrie.

Ces réquisitions et ces services ne seront réclamés qu'avec l'autorisation du commandant dans la localité occupée.

Les prestations en nature seront, autant que possible, payées au comptant : sinon elles seront constatées par des reçus, et le payement des sommes dues sera effectué le plus tôt possible.

ART. 53.

L'armée qui occupe un territoire ne pourra saisir que le numéraire, les fonds et les valeurs exigibles appartenant en propre à l'État, les dépôts d'armes, moyens de transport, magasins et approvisionnements, et en général, toute propriété mobilière de l'État de nature à servir aux opérations de la guerre.

Tous les moyens affectés sur terre, sur mer et dans les airs à la transmission des nouvelles, au transport des personnes ou des choses, en dehors des cas régis par le droit maritime, les dépôts d'armes, et en général toute espèce de munitions de guerre, peuvent être saisis, même s'ils appartiennent à des personnes privées, mais devront être restitués et les indemnités seront réglées à la paix.

ART. 54.

Les câbles sous-marins reliant un territoire occupé à un territoire neutre ne seront saisis ou détruits que dans le cas d'une nécessité absolue. Ils devront également être restitués, et les indemnités seront réglées à la paix.

ART. 55.

L'État occupant ne se considérera que comme administrateur et usufruitier des édifices publics, immeubles, forêts et exploitations agricoles appartenant à l'État ennemi et se trouvant dans le pays occupé. Il devra sauvegarder le fonds de ces propriétés et les administrer conformément aux règles de l'usufruit.

ART. 56.

Les biens des communes, ceux des établissements consacrés aux cultes, à la charité et à l'instruction, aux arts et aux sciences, même appartenant à l'État, seront traités comme la propriété privée.

Toute saisie, destruction ou dégradation intentionnelle de semblables établissements, de monuments historiques, d'œuvres d'art et de science, est interdite et doit être poursuivie.

Annexes I.

N° 5.

RÉGIME DES NAVIRES DE COMMERCE ENNEMIS AU DÉBUT DES HOSTILITÉS.

CONVENTION VI [1]

RELATIVE AU RÉGIME DES NAVIRES DE COMMERCE ENNEMIS AU DÉBUT DES HOSTILITÉS.

(Indication des souverains et chefs d'État.)

....

Désireux de garantir la sécurité du commerce international contre les surprises de la guerre, et voulant, conformément à la pratique moderne, protéger autant que possible les opérations engagées de bonne foi et en cours d'exécution avant le début des hostilités :

Ont résolu de conclure une convention à cet effet et ont nommé pour leurs plénipotentiaires, savoir :

(Suit la liste des plénipotentiaires.)

....

Lesquels, après avoir déposé leurs pleins pouvoirs trouvés en bonne et due forme, sont convenus des dispositions suivantes :

ARTICLE PREMIER.

Lorsqu'un navire de commerce relevant d'une des puissances belligérantes se trouve, au début des hostilités, dans un port ennemi, il est désirable qu'il lui soit permis de sortir librement, immédiatement ou après un délai de faveur suffisant, et de gagner directement, après avoir été muni d'un laisser-passer, son port de destination ou tel autre port qui lui sera désigné.

Il en est de même du navire ayant quitté son dernier port de départ avant le commencement de la guerre et entrant dans un port ennemi sans connaître les hostilités.

---

[1] Convention de La Haye, 1907; voir décret du 2 décembre 1910, *Journal officiel* du 8 décembre 1910.

ART. 2.

Le navire de commerce qui, par suite de circonstances de force majeure, n'aurait pu quitter le port ennemi pendant le délai visé à l'article précédent, ou auquel la sortie n'aurait pas été accordée, ne peut être confisqué.

Le belligérant peut seulement le saisir moyennant l'obligation de le restituer après la guerre sans indemnité, ou le réquisitionner moyennant indemnité.

ART. 3.

Les navires de commerce ennemis qui ont quitté leur dernier port de départ avant le commencement de la guerre, et qui sont rencontrés en mer ignorants des hostilités, ne peuvent être confisqués. Ils sont seulement sujets à être saisis, moyennant l'obligation de les restituer après la guerre sans indemnité, ou à être réquisitionnés, ou même à être détruits, à charge d'indemnité et sous l'obligation de pourvoir à la sécurité des personnes ainsi qu'à la conservation des papiers de bord.

Après avoir touché à un port de leur pays ou à un port neutre, ces navires sont soumis aux lois et coutumes de la guerre maritime.

ART. 4.

Les marchandises ennemies se trouvant à bord des navires visés aux articles 1 et 2 sont également sujettes à être saisies et restituées après la guerre sans indemnité, ou à être réquisitionnées moyennant indemnité, conjointement avec le navire ou séparément.

Il en est de même des marchandises se trouvant à bord des navires visés à l'article 3.

ART. 5.

La présente Convention ne vise pas les navires de commerce dont la construction indique qu'ils sont destinés à être transformés en bâtiments de guerre.

ART. 6.

Les dispositions de la présente Convention ne sont applicables qu'entre les puissances contractantes et seulement si les belligérants sont tous parties à la Convention.

ART. 7.

La présente Convention sera ratifiée aussitôt que possible.

Les ratifications seront déposées à La Haye.

Le premier dépôt de ratifications sera constaté par un procès-verbal signé par les représentants des puissances qui y prennent part et par le Ministre des affaires étrangères des Pays-Bas.

Les dépôts ultérieurs de ratifications se feront au moyen d'une notification écrite adressée au Gouvernement des Pays-Bas et accompagnée de l'instrument de ratification.

Copie certifiée conforme du procès-verbal relatif au premier dépôt de ratification, des modifications mentionnées à l'alinéa précédent, ainsi que des instruments de ratifications, sera immédiatement remise par les soins du Gouvernement des Pays-Bas et par la voie diplomatique aux puissances conviées à la deuxième Conférence de la paix, ainsi qu'aux autres puissances qui auront adhéré à la Convention. Dans les cas visés par l'alinéa précédent, ledit Gouvernement leur fera connaître en même temps la date à laquelle il a reçu la notification.

ART. 8.

Les puissances non signataires sont admises à adhérer à la présente Convention.

La puissance qui désire adhérer notifie par écrit son intention au Gouvernement des Pays-Bas en lui transmettant l'acte d'adhésion, qui sera déposé dans les archives dudit Gouvernement.

Ce Gouvernement transmettra immédiatement, à toutes les autres puissances, copie certifié conforme de la notification ainsi que de l'acte d'adhésion, en indiquant la date à laquelle il a reçu la notification.

ART. 9.

La présente Convention produira effet, pour les puissances qui auront participé au premier dépôt de ratifications, soixante jours après la date du procès-verbal de ce dépôt, et pour les puissances qui ratifieront ultérieurement ou qui adhéreront. soixante jours après que la notification de leur ratification ou de leur adhésion aura été reçue par le Gouvernement des Pays-Bas.

ART. 10.

S'il arrivait qu'une des puissances contractantes voulût dénoncer la présente Convention, la dénonciation sera notifiée par écrit au Gouvernement des Pays-Bas, qui communiquera immédiatement copie certifiée conforme de la notification à toutes les autres puissances en leur faisant savoir la date à laquelle il l'a reçue.

La dénonciation ne produira ses effets qu'à l'égard de la puissance qui l'aura notifiée et un an après que la notification en sera parvenue au Gouvernement des Pays-Bas.

ART. 11.

Un registre tenu par le Ministère des affaires étrangères des Pays-Bas indiquera la date du dépôt de ratification effectué en vertu de l'article 7, alinéas 3 et 4, ainsi que la date à laquelle auront été reçues les notifications d'adhésion (art. 8, alinéa 2) ou de dénonciation (art. 10, alinéa 1).

Chaque puissance contractante est admise à prendre connaissance de ce registre et à en demander des extraits certifiés conformes.

En foi de quoi, les plénipotentiaires ont revêtu la présente Convention de leurs signatures.

Fait à La Haye, le 18 octobre 1907, en un seul exemplaire qui restera déposé dans les archives du Gouvernement des Pays-Bas et dont les copies, certifiées conformes, seront remises par la voie diplomatique aux puissances qui ont été conviées à la deuxième Conférence de la paix.

Annexes I.

N° 6.

TRANSFORMATION DES NAVIRES DE COMMERCE EN BÂTIMENTS DE GUERRE.

CONVENTION VII [1]
RELATIVE À LA TRANSFORMATION DES NAVIRES DE COMMERCE EN BÂTIMENTS DE GUERRE.

(Indication des souverains et chefs d'État.)

. . . .

Considérant qu'en vue de l'incorporation en temps de guerre de navires de la marine marchande dans les flottes de combat, il est désirable de définir les conditions dans lesquelles cette opération pourra être effectuée;

Que, toutefois, les puissances contractantes n'ayant pu se mettre d'accord sur la question de savoir si la transformation d'un navire de commerce en bâtiment de guerre peut avoir lieu en pleine mer, il est entendu que la question du lieu de transformation reste hors de cause et n'est nullement visée par les règles ci-dessous :

Désirant conclure une Convention à cet effet, ont nommé pour leurs plénipotentiaires, savoir :

(Suit la liste des plénipotentiaires.)

. . . .

Lesquels, après avoir déposé leurs pleins pouvoirs, trouvés en bonne et due forme, sont convenus des dispositions suivantes :

ARTICLE PREMIER.

Aucun navire de commerce transformé en bâtiment de guerre ne peut avoir les droits et les obligations attachés à cette qualité, s'il n'est placé sous l'autorité directe, le contrôle immédiat et la responsabilité de la puissance dont il porte le pavillon.

---

[1] Convention de La Haye, 1907 ; voir décret du 2 décembre 1910, *Journal officiel* du 8 décembre 1910.

ART. 2.

Les navires de commerce transformés en bâtiments de guerre doivent porter les signes extérieurs distinctifs des bâtiments de guerre de leur nationalité.

ART. 3.

Le commandant doit être au service de l'État et dûment commissionné par les autorités compétentes. Son nom doit figurer sur la liste des officiers de la Flotte militaire.

ART. 4.

L'équipage doit être soumis aux règles de la discipline militaire.

ART. 5.

Tout navire de commerce transformé en bâtiment de guerre est tenu d'observer dans ses opérations les lois et coutumes de la guerre.

ART. 6.

Le belligérant qui transforme un navire de commerce en bâtiment de guerre doit, le plus tôt possible, mentionner cette transformation sur la liste des bâtiments de sa flotte militaire.

ART. 7.

Les dispositions de la présente Convention ne sont applicables qu'entre les puissances contractantes, et seulement si les belligérants sont tous parties à la Convention.

ART. 8.

La présente Convention sera ratifiée aussitôt que possible.

Les ratifications seront déposées à La Haye.

Le premier dépôt de ratifications sera constaté par un procès-verbal signé par les représentants des puissances qui y prennent part et par le Ministre des affaires étrangères des Pays-Bas.

Les dépôts ultérieurs de ratifications se feront au moyen d'une notification écrite adressée au Gouvernement des Pays-Bas et accompagnée de l'instrument de ratification.

Copie certifiée conforme du procès-verbal relatif au premier dépôt de ratifications, des notifications mentionnées à l'alinéa précédent, ainsi que des instruments de ratification, sera immédiatement remise, par les soins du Gouvernement des Pays-Bas et par la voie diplomatique, aux puissances conviées à la deuxième Conférence de la paix, ainsi qu'aux autres puissances qui auront adhéré à la Convention. Dans les cas visés par l'alinéa précédent, ledit Gouvernement leur fera connaître en même temps la date à laquelle il a reçu la notification.

ART. 9.

Les puissances non signataires sont admises à adhérer à la présente Convention.

La puissance qui désire adhérer notifie par écrit son intention au Gouvernement des Pays-Bas en lui transmettant l'acte d'adhésion qui sera déposé dans les archives dudit Gouvernement.

Ce Gouvernement transmettra immédiatement à toutes les autres puissances copie certifiée conforme de la notification ainsi que de l'acte d'adhésion, en indiquant la date à laquelle il a reçu la notification.

ART. 10.

La présente Convention produira effet, pour les puissances qui auront participé au premier dépôt de ratifications, soixante jours après la date du procès-verbal de ce dépôt, et pour les puissances qui ratifieront ultérieurement ou qui adhéreront, soixante jours après que la notification de leur ratification ou de leur adhésion aura été reçue par le Gouvernement des Pays-Bas.

ART. 11.

S'il arrivait qu'une des puissances contractantes voulût dénoncer la présente Convention, la dénonciation sera notifiée par écrit au Gouvernement des Pays-Bas, qui communiquera immédiatement copie certifiée conforme de la notification à toutes les autres puissances en leur faisant savoir la date à laquelle il l'a reçue.

La dénonciation ne produira ses effets qu'à l'égard de la puissance qui l'aura notifiée et un an après que la notification en sera parvenue au Gouvernement des Pays-Bas.

ART. 12.

Un registre tenu par le Ministère des affaires étrangères des Pays-Bas indiquera la date du dépôt de ratifications effectué en vertu de l'article 8, alinéas 3 et 4, ainsi que la date à laquelle auront été reçues les notifications d'adhésion (art. 9, alinéa 2) ou de dénonciation (art. 11, alinéa 1).

Chaque puissance contractante est admise à prendre connaissance de ce registre et à demander des extraits certifiés conformes.

En foi de quoi, les plénipotentiaires ont revêtu la présente Convention de leurs signatures.

Fait à La Haye, le 18 octobre 1907, en un seul exemplaire qui restera déposé dans les archives du Gouvernement des Pays-Bas, et dont des copies, certifiées conformes, seront remises par la voie diplomatique aux puissances qui ont été conviées à la deuxième Conférence de la paix.

Annexes I.

N° 7.

POSE DE MINES SOUS-MARINES AUTOMATIQUES
DE CONTACT.

CONVENTION VIII [1]

RELATIVE À LA POSE DE MINES SOUS-MARINES
AUTOMATIQUES DE CONTACT.

(Indication des souverains et chefs d'État.)

. . . .

S'inspirant du principe de la liberté des voies maritimes ouvertes à toutes les nations;

Considérant que, si dans l'état actuel des choses, on ne peut interdire l'emploi de mines sous-marines automatiques de contact, il importe d'en limiter et réglementer l'usage, afin de restreindre les rigueurs de la guerre et de donner, autant que faire se peut, à la navigation pacifique la sécurité à laquelle elle a droit de prétendre malgré l'existence d'une guerre;

En attendant qu'il soit possible de régler la matière d'une façon qui donne aux intérêts engagés toutes les garanties désirables;

Ont résolu de conclure une Convention à cet effet et ont nommé pour leurs plénipotentiaires, savoir :

(Suit la liste des plénipotentiaires.)

. . . .

Lesquels, après avoir déposé leurs pleins pouvoirs trouvés en bonne et due forme, sont convenus des dispositions suivantes :

ARTICLE PREMIER.

Il est interdit :

1° De placer des mines automatiques de contact non amarrées, à moins qu'elles ne soient construites de manière à devenir inoffensives une heure au maximum après que celui qui les a placées en aura perdu le contrôle;

---

[1] Convention de La Haye, 1907; voir décret du 2 décembre 1910, *Journal officiel* du 8 décembre 1910.

2° De placer des mines automatiques de contact amarrées, qui ne deviennent pas inoffensives dès qu'elles auront rompu leurs amarres:

3° D'employer des torpilles, qui ne deviennent pas inoffensives lorsqu'elles auront manqué leur but.

ART. 2.

Il est interdit de placer des mines automatiques de contact devant les côtes et les ports de l'adversaire, dans le seul but d'intercepter la navigation de commerce.

ART. 3.

Lorsque les mines automatiques de contact amarrées sont employées, toutes les précautions possibles doivent être prises pour la sécurité de la navigation pacifique.

Les belligérants s'engagent à pourvoir, dans la mesure du possible, à ce que ces mines deviennent inoffensives après un laps de temps limité, et, dans le cas où elles cesseraient d'être surveillées, à signaler les régions dangereuses, aussitôt que les exigences militaires le permettront, par un avis à la navigation qui devra être aussi communiqué aux gouvernements par la voie diplomatique.

ART. 4.

Toute puissance neutre qui place des mines automatiques de contact devant ses côtes doit observer les mêmes règles et prendre les mêmes précautions que celles qui sont imposées aux belligérants.

La puissance neutre doit faire connaître à la navigation, par un avis préalable, les régions où seront mouillées des mines automatiques de contact. Cet avis devra être communiqué d'urgence aux gouvernements par voie diplomatique.

ART. 5.

A la fin de la guerre, les puissances contractantes s'engagent à faire tout ce qui dépend d'elles pour enlever, chacune de son côté, les mines qu'elles ont placées.

Quant aux mines automatiques de contact amarrées, que l'un des belligérants aurait posées le long des côtes de l'autre, l'emplacement en sera notifié à l'autre partie par la puissance qui les a posées, et chaque puissance devra procéder dans le plus bref délai à l'enlèvement des mines qui se trouvent dans ses eaux.

ART. 6.

Les puissances contractantes qui ne disposent pas encore de mines perfectionnées telles qu'elles sont prévues dans la présente Convention, et qui, par conséquent, ne sauraient actuellement se conformer aux règles établies dans les articles 1 et 3, s'engagent à transformer aussitôt que possible leur matériel de mines, afin qu'il réponde aux prescriptions susmentionnées.

ART. 7.

Les dispositions de la présente Convention ne sont applicables qu'entre les puissances contractantes, et seulement si les belligérants sont tous parties à la Convention.

ART. 8.

La présente Convention sera ratifiée aussitôt que possible.

Les ratifications seront déposées à La Haye.

Le premier dépôt de ratifications sera constaté par un procès-verbal signé par les représentants des puissances qui y prennent part et par le Ministre des affaires étrangères des Pays-Bas.

Les dépôts ultérieurs de ratifications se feront au moyen d'une notification écrite, adressée au Gouvernement des Pays-Bas et accompagnée de l'instrument de ratification.

Copie certifiée conforme du procès-verbal relatif au premier dépôt de ratifications, des notifications mentionnées à l'alinéa précédent, ainsi que des instruments de ratification, sera immédiatement remise, par les soins du Gouvernement des Pays-Bas et par la voie diplomatique, aux puissances conviées à la deuxième Conférence de la paix, ainsi qu'aux autres puissances qui auront adhéré à la Convention. Dans les cas visés par l'alinéa précédent, ledit Gouvernement leur fera connaître en même temps la date à laquelle il a reçu la notification.

ART. 9.

Les puissances non signataires sont admises à adhérer à la présente Convention.

La puissance qui désire adhérer notifie par écrit son intention au Gouvernement des Pays-Bas en lui transmettant l'acte d'adhésion qui sera déposé dans les archives dudit Gouvernement.

Ce Gouvernement transmettra immédiatement à toutes les autres puissances copie certifiée conforme de la notification ainsi que l'acte d'adhésion, en indiquant la date à laquelle il a reçu la notification.

ART. 10.

La présente Convention produira effet, pour les puissances qui auront participé au premier dépôt de ratifications, soixante jours après la date du procès-verbal de ce dépôt, et pour les puissances qui ratifieront ultérieurement ou qui adhéreront, soixante jours après que la notification de leur ratification ou de leur adhésion aura été reçue par le Gouvernement des Pays-Bas.

ART. 11.

La présente Convention aura une durée de sept ans à partir du soixantième jour après la date du premier dépôt de ratifications.

Sauf dénonciation, elle continuera d'être en vigueur après l'expiration de ce délai.

La dénonciation sera notifiée par écrit au Gouvernement des Pays-Bas, qui communiquera immédiatement copie certifiée conforme de la notification à toutes les puissances, en leur faisant savoir la date à laquelle il l'a reçue.

La dénonciation ne produira ses effets qu'à l'égard de la puissance qui l'aura notifiée et six mois après que la notification en sera parvenue au Gouvernement des Pays-Bas.

ART. 12.

Les puissances contractantes s'engagent à reprendre la question de l'emploi des mines automatiques de contact six mois avant l'expiration du terme prévu par l'alinéa 1ᵉʳ de l'article précédent, au cas où elle n'aurait pas été reprise et résolue à une date antérieure par la troisième Conférence de la paix.

Si les puissances contractantes concluent une nouvelle convention relative à l'emploi des mines, dès son entrée en vigueur, la présente Convention cessera d'être applicable.

ART. 13.

Un registre tenu par le Ministère des affaires étrangères des Pays-Bas indiquera la date du dépôt de ratifications effectué en vertu de l'article 8, alinéas 3 et 4, ainsi que la date à laquelle auront été reçues les notifications d'adhésion (article 9, alinéa 2) ou de dénonciation (article 11, alinéa 3).

Chaque puissance contractante est admise à prendre connaissance de ce registre et à en demander des extraits certifiés conformes.

En foi de quoi, les plénipotentiaires ont revêtu la présente Convention de leurs signatures.

Fait à La Haye, le 18 octobre 1907, en un seul exemplaire qui restera déposé dans les archives du Gouvernement des Pays-Bas, et dont des copies, certifiées conformes, seront remises par la voie diplomatique aux puissances qui ont été conviées à la deuxième Conférence de la paix.

Annexes I.

N° 8.

BOMBARDEMENT PAR DES FORCES NAVALES
EN TEMPS DE GUERRE.

CONVENTION IX [1]

CONCERNANT LE BOMBARDEMENT PAR LES FORCES NAVALES
EN TEMPS DE GUERRE.

(Indication des souverains et chefs d'État.)

. . . .

Animés du désir de réaliser le vœu exprimé par la première Conférence de la paix, concernant le bombardement, par des forces navales, des ports, villes et villages non défendus;

Considérant qu'il importe de soumettre les bombardements par des forces navales à des dispositions générales qui garantissent les droits des habitants et assurent la conservation des principaux édifices, en étendant à cette opération de guerre, dans la mesure du possible, les principes du règlement de 1899 sur les lois et coutumes de la guerre sur terre;

S'inspirant ainsi du désir de servir les intérêts de l'humanité et de diminuer les rigueurs et les désastres de la guerre;

Ont résolu de conclure une convention à cet effet, et ont en conséquence nommé pour leurs plénipotentiaires, savoir :

. . . .

(Suit la liste des plénipotentiaires.)

. . . .

Lesquels, après avoir déposé leurs pleins pouvoirs, trouvés en bonne et due forme sont convenus des dispositions suivantes :

CHAPITRE PREMIER.

DU BOMBARDEMENT DES PORTS, VILLES ET VILLAGES,
HABITATIONS OU BÂTIMENTS NON DÉFENDUS.

ARTICLE PREMIER.

Il est interdit de bombarder, par des forces navales, des ports, villes, villages, habitations ou bâtiments qui ne sont pas défendus.

---

[1] Convention de La Haye, 1907; voir décret du 2 décembre 1910, *Journal officiel* du 8 décembre 1910.

Une localité ne peut pas être bombardée à raison du seul fait que, devant son port, se trouvent mouillées des mines sous-marines automatiques de contact.

ART. 2.

Toutefois ne sont pas compris dans cette interdiction les ouvrages militaires, établissements militaires ou navals, dépôts d'armes ou de matériel de guerre, ateliers et installations propres à être utilisés pour les besoins de la flotte ou de l'armée ennemie, et les navires de guerre se trouvant dans le port. Le commandant d'une force navale pourra, après sommation avec délai raisonnable, les détruire par le canon, si tout autre moyen est impossible et lorsque les autorités locales n'auront pas procédé à cette destruction dans le délai fixé.

Il n'encourt aucune responsabilité, dans ce cas, pour les dommages involontaires qui pourraient être occasionnés par le bombardement.

Si les nécessités militaires exigeant une action immédiate ne permettaient pas d'accorder le délai, il reste entendu que l'interdiction de bombarder la ville non défendue subsiste comme dans le cas énoncé dans l'alinéa 1er, et que le commandant prendra toutes les dispositions voulues pour qu'il en résulte pour cette ville le moins d'inconvénients possible.

ART. 3.

Il peut, après notification expresse, être procédé au bombardement des ports, villes, villages, habitations ou bâtiments non défendus si les autorités locales, mises en demeure par une sommation formelle, refusent d'obtempérer à des réquisitions de vivres ou d'approvisionnements nécessaires au besoin présent de la force navale qui se trouve devant la localité.

Ces réquisitions seront en rapport avec les ressources de la localité. Elles ne seront réclamées qu'avec l'autorisation du commandant de ladite force navale et seront, autant que possible, payées au comptant; sinon elles seront constatées par des reçus.

ART. 4.

Est interdit le bombardement, pour le non-payement des contributions en argent, des ports, villes, villages, habitations ou bâtiments non défendus.

CHAPITRE II.

DISPOSITIONS GÉNÉRALES.

ART. 5.

Dans le bombardement par des forces navales, toutes les mesures nécessaires doivent être prises par le commandant pour épargner autant que possible les édifices consacrés aux cultes, aux arts, aux sciences et à la bienfaisance, les monuments historiques, les hôpitaux et les lieux de rassemblement de malades ou de blessés, à condition qu'ils ne soient pas employés en même temps à un but militaire.

Le devoir des habitants est de désigner ces monuments, ces édifices ou lieux de rassemblement, par des signes visibles, qui consisteront en grands panneaux rectangulaires rigides, partagés, suivant une des diagonales, en deux triangles de couleur, noire en haut et blanche en bas.

ART. 6.

Sauf le cas où les exigences militaires ne le permettraient pas, le commandant de la force navale assaillante doit, avant d'entreprendre le bombardement, faire tout ce qui dépend de lui pour avertir les autorités.

ART. 7.

Il est interdit de livrer au pillage une ville ou localité même prise d'assaut.

CHAPITRE III.

DISPOSITIONS FINALES.

ART. 8.

Les dispositions de la présente Convention ne sont applicables qu'entre les puissances contractantes, et seulement si les belligérants sont tous parties à la Convention.

ART. 9.

La présente Convention sera ratifiée aussitôt que possible.

Les ratifications seront déposées à La Haye.

Le premier dépôt de ratifications sera constaté par un procès-verbal signé par les représentants des puissances qui y prennent part et par le Ministre des affaires étrangères des Pays-Bas.

Les dépôts ultérieurs de ratifications se feront au moyen d'une notification écrite, adressée au Gouvernement des Pays-Bas et accompagnée de l'instrument de ratification.

Copie certifiée conforme du procès-verbal relatif au premier dépôt de ratifications, des notifications mentionnées à l'alinéa précédent, ainsi que des instruments de ratification, sera immédiatement remise, par les soins du Gouvernement des Pays-Bas et par la voie diplomatique, aux puissances conviées à la deuxième Conférence de la paix ainsi qu'aux autres puissances qui auront adhéré à la Convention. Dans les cas visés par l'alinéa précédent, ledit Gouvernement leur fera connaître en même temps la date à laquelle il a reçu la notification.

ART. 10.

Les puissances non signataires sont admises à adhérer à la présente Convention.

La puissance qui désire adhérer notifie par écrit son intention au Gouvernement des Pays-Bas, en lui transmettant l'acte d'adhésion qui sera déposé dans les archives dudit Gouvernement.

Ce Gouvernement transmettra immédiatement à toutes les autres puissances copie certifiée conforme de la notification ainsi que de l'acte d'adhésion, en indiquant la date à laquelle il a reçu la notification.

ART. 11.

La présente Convention produira effet, pour les puissances qui auront participé au premier dépôt de ratifications, soixante jours après la date du procès-verbal de ce dépôt, et pour les puissances qui ratifieront ultérieurement ou qui adhéreront, soixante jours après que la notification de leur ratification ou de leur adhésion aura été reçue par le Gouvernement des Pays-Bas.

ART. 12.

S'il arrivait qu'une des puissances contractantes voulût dénoncer la présente Convention, la dénonciation sera notifiée par écrit au Gouvernement des Pays-Bas, qui communiquera immédiatement copie certifiée conforme de la notification à toutes les autres puissances en leur faisant savoir la date à laquelle il l'a reçue.

La dénonciation ne produira ses effets qu'à l'égard de la puissance qui l'aura notifiée et un an après que la notification en sera parvenue au Gouvernement des Pays-Bas.

ART. 13.

Un registre tenu par le Ministère des affaires étrangères des Pays-Bas indiquera la date du dépôt de ratifications effectué en vertu de l'article 9, alinéas 3 et 4, ainsi que la date à laquelle auront été reçues les notifications d'adhésion (art. 10, alinéa 2) ou de dénonciation (art. 12, alinéa 1).

Chaque puissance contractante est admise à prendre connaissance de ce registre et à demander des extraits certifiés conformes.

En foi de quoi, les plénipotentiaires ont revêtu la présente Convention de leurs signatures.

Fait à La Haye, le 18 octobre 1907, en un seul exemplaire qui restera déposé dans les archives du Gouvernement des Pays-Bas, et dont des copies, certifiées conformes, seront remises par la voie diplomatique aux puissances qui ont été conviées à la deuxième Conférence de la paix.

Annexes I.

N° 9.

ADAPTATION À LA GUERRE MARITIME DES PRINCIPES DE LA CONVENTION DE GENÈVE.

CONVENTION X [1]
POUR L'ADAPTATION À LA GUERRE MARITIME DES PRINCIPES DE LA CONVENTION DE GENÈVE.

(Indication des souverains et chefs d'État.)

. . . .

Également animés du désir de diminuer, autant qu'il dépend d'eux, les maux inséparables de la guerre ;

Et voulant, dans ce but, adapter à la guerre maritime les principes de la Convention de Genève du 6 juillet 1906 ;

Ont résolu de conclure une Convention à l'effet de reviser la Convention du 29 juillet 1899 relative à la même matière, et ont nommé leurs plénipotentiaires, savoir :

(Suit la liste des plénipotentaires.)

. . . .

Lesquels, après avoir déposé leurs pleins pouvoirs, trouvés en bonne et due forme, sont convenus des dispositions suivantes :

ARTICLE PREMIER.

Les bâtiments-hôpitaux militaires, c'est-à-dire les bâtiments construits ou aménagés par les États spécialement et uniquement en vue de porter secours aux blessés, malades et naufragés, et dont les noms auront été communiqués, à l'ouverture ou au cours des hostilités, en tout cas avant toute mise en usage, aux puissances belligérantes, sont respectés et ne peuvent être capturés pendant la durée des hostilités.

Ces bâtiments ne sont pas non plus assimilés aux navires de guerre au point de vue de leur séjour dans un port neutre.

---

[1] Convention de La Haye, 1907 ; voir décret du 2 décembre 1910, *Journal officiel* du 8 décembre 1910.

ART. 2.

Les bâtiments hospitaliers, équipés en totalité ou en partie aux frais des particuliers ou des sociétés de secours officiellement reconnues, sont également respectés et exempts de capture, si la puissance belligérante dont ils dépendent leur a donné une commission officielle et en a notifié les noms à la puissance adverse à l'ouverture ou au cours des hostilités, en tout cas avant toute mise en usage.

Ces navires doivent être porteurs d'un document de l'autorité compétente déclarant qu'ils ont été soumis à son contrôle pendant leur armement et à leur départ final.

ART. 3.

Les bâtiments hospitaliers, équipés en totalité ou en partie aux frais des particuliers ou des sociétés officiellement reconnues de pays neutres, sont respectés et exempts de capture, à condition qu'ils se soient mis sous la direction de l'un des belligérants avec l'assentiment préalable de leur propre gouvernement et avec l'autorisation du belligérant lui-même et que ce dernier en ait notifié le nom à son adversaire dès l'ouverture ou dans le cours des hostilités, en tout cas avant tout emploi.

ART. 4.

Les bâtiments qui sont mentionnés dans les articles 1, 2 et 3 porteront secours et assistance aux blessés, malades et naufragés des belligérants sans distinction de nationalité.

Les gouvernements s'engagent à n'utiliser ces bâtiments pour aucun but militaire.

Ces bâtiments ne devront gêner en aucune manière les mouvements des combattants.

Pendant et après le combat, ils agiront à leurs risques et périls.

Les belligérants auront sur eux le droit de contrôle et de visite; ils pourront refuser leur concours, leur enjoindre de s'éloigner, leur imposer une direction déterminée et mettre à bord un commissaire, même les détenir, si la gravité des circonstances l'exigeait.

Autant que possible, les belligérants inscriront sur le journal du bord des bâtiments hospitaliers les ordres qu'ils leur donneront.

ART. 5.

Les bâtiments-hôpitaux militaires seront distingués par une peinture extérieure blanche avec une bande horizontale verte d'un mètre et demi de largeur environ.

Les bâtiments qui sont mentionnés dans les articles 2 et 3 seront distingués par une peinture extérieure blanche avec une bande horizontale rouge d'un mètre et demi de largeur environ.

Les embarcations des bâtiments qui viennent d'être mentionnés, comme les petits bâtiments qui pourront être affectés au service hospitalier, se distingueront par une peinture analogue.

Tous les bâtiments hospitaliers se feront reconnaître en hissant, avec leur pavillon national, le pavillon blanc à croix rouge prévu par la Convention de Genève, et en outre, s'ils ressortissent à un État neutre, en arborant au grand mât le pavillon national du belligérant sous la direction duquel ils se sont placés.

Les bâtiments hospitaliers qui, dans les termes de l'article 4, sont détenus par l'ennemi auront à rentrer le pavillon national du belligérant dont ils relèvent.

Les bâtiments et embarcations ci-dessus mentionnés, qui veulent s'assurer la nuit le respect auxquels ils ont droit, ont, avec l'assentiment du belligérant qu'ils accompagnent, à prendre les mesures nécessaires pour que la peinture qui les caractérise soit suffisamment apparente.

ART. 6.

Les signes distinctifs prévus à l'article 5 ne pourront être employés, soit en temps de paix, soit en temps de guerre, que pour protéger ou désigner les bâtiments qui y sont mentionnés.

ART. 7.

Dans le cas d'un combat à bord d'un vaisseau de guerre, les infirmeries seront respectées et ménagées autant que faire se pourra.

Ces infirmeries et leur matériel demeurent soumis aux lois de la guerre, mais ne pourront être détournés de leur emploi, tant qu'ils seront nécessaires aux blessés et malades.

Toutefois le commandant qui les a en son pouvoir a la faculté d'en disposer en cas de nécessité militaire importante, en assurant au préalable le sort des blessés et malades qui s'y trouvent.

ART. 8.

La protection due aux bâtiments hospitaliers et aux infirmeries des vaisseaux cesse si l'on en use pour commettre des actes nuisibles à l'ennemi.

N'est pas considéré comme étant de nature à justifier le retrait de la protection le fait que le personnel de ces bâtiments et infirmeries est armé pour le maintien de l'ordre et pour la défense des blessés ou malades, ainsi que le fait de la présence à bord d'une installation radio-télégraphique.

ART. 9.

Les belligérants pourront faire appel au zèle charitable des commandants de bâtiments de commerce, yachts ou embarcations neutres, pour prendre à bord et soigner des blessés ou des malades.

Les bâtiments qui auront répondu à cet appel ainsi que ceux qui spontanément auront recueilli des blessés, des malades ou des naufragés, jouiront d'une protection spéciale et de certaines immunités. En aucun cas, ils ne pourront être capturés pour le fait d'un tel transport; mais, sauf les promesses qui leur auraient été faites, ils restent exposés à la capture pour les violations de neutralité qu'ils pourraient avoir commises.

ART. 10.

Le personnel religieux, médical et hospitalier de tout bâtiment capturé est inviolable et ne peut être fait prisonnier de guerre. Il emporte, en quittant le navire, les objets et les instruments de chirurgie qui sont sa propriété particulière.

Ce personnel continuera à remplir ses fonctions tant que cela sera nécessaire, et il pourra ensuite se retirer, lorsque le commandant en chef le jugera possible.

Les belligérants doivent assurer à ce personnel tombé entre leurs mains les mêmes allocations et la même solde qu'au personnel des mêmes grades de leur propre marine.

ART. 11.

Les marins et les militaires embarqués et les autres personnes officiellement attachées aux marines ou aux armées, blessés ou malades, à quelque nation qu'ils appartiennent, seront respectés et soignés par les capteurs.

ART. 12.

Tout vaisseau de guerre d'une partie belligérante peut réclamer la remise des blessés, malades ou naufragés qui sont à bord de bâtiments-hôpitaux militaires, de bâtiments hospitaliers de société de secours ou de particuliers, de navires de commerce, yachts et embarcations, quelle que soit la nationalité de ces bâtiments.

ART. 13.

Si des blessés, malades ou naufragés sont recueillis à bord d'un vaisseau de guerre neutre, il devra être pourvu, dans la mesure du possible, à ce qu'ils ne puissent pas de nouveau prendre part aux opérations de la guerre.

ART. 14.

Sont prisonniers de guerre les naufragés, blessés ou malades d'un belligérant qui tombent au pouvoir de l'autre. Il appartient à celui-ci de décider, suivant les circonstances, s'il convient de les garder, de les diriger sur un port de sa nation, sur un port neutre ou même sur un port de son adversaire. Dans ce dernier cas, les prisonniers ainsi rendus à leur pays ne pourront servir pendant la durée de la guerre.

ART. 15.

Les naufragés, blessés ou malades qui sont débarqués dans un port neutre, du consentement de l'autorité locale, devront, à moins d'arrangement contraire de l'État neutre avec les États belligérants, être gardés par l'État neutre de manière qu'ils ne puissent pas de nouveau prendre part aux opérations de la guerre.

Les frais d'hospitalisation et d'internement seront supportés par l'État dont relèvent les naufragés, blessés ou malades.

ART. 16.

Après chaque combat, les deux parties belligérantes, en tant que les intérêts militaires le comportent, prendront des mesures pour rechercher les naufragés, les blessés et les malades et pour les faire protéger, ainsi que les morts, contre le pillage et les mauvais traitements.

Elles veilleront à ce que l'inhumation, l'immersion ou l'incinération des morts soit précédée d'un examen attentif de leurs cadavres.

ART. 17.

Chaque belligérant enverra, dès qu'il sera possible, aux autorités de leur pays, de leur marine ou de leur armée, les marques ou pièces militaires d'identité trouvées sur les morts et l'état nominatif des blessés ou malades recueillis par lui.

Les belligérants se tiendront réciproquement au courant des internements et des mutations, ainsi que des entrées dans les hôpitaux et des décès survenus parmi les blessés et malades en leur pouvoir. Ils recueilleront tous les objets d'un usage personnel, valeurs, lettres, etc., qui seront trouvés dans les vaisseaux capturés, ou délaissés par les blessés ou malades décédés dans les hôpitaux, pour les faire transmettre aux intéressés par les autorités de leur pays.

ART. 18.

Les dispositions de la présente Convention ne sont applicables qu'entre les puissances contractantes, et seulement si les belligérants sont tous parties à la Convention.

ART. 19.

Les commandants en chef des flottes des belligérants auront à pourvoir aux détails d'exécution des articles précédents, ainsi qu'aux cas non prévus, d'après les instructions de leurs gouvernements respectifs et conformément aux principes généraux de la présente Convention.

ART. 20.

Les puissances signataires prendront les mesures nécessaires pour instruire leurs marines, et spécialement le personnel protégé, des dispositions de la présente Convention et pour les porter à la connaissance des populations.

ART. 21.

Les puissances signataires s'engagent également à prendre ou à proposer à leurs législatures, en cas d'insuffisance de leurs lois pénales, les mesures nécessaires pour réprimer en temps de guerre, les actes individuels de pillage et de mauvais traitements envers des blessés et malades des marines, ainsi que pour punir, comme usurpation d'insignes militaires, l'usage abusif des signes distinctifs désignés à l'article 5 par des bâtiments non protégés par la présente Convention.

Ils se communiqueront, par l'intermédiaire du Gouvernement des Pays-Bas, les dispositions relatives à cette répression, au plus tard dans les cinq ans de ratification de la présente Convention.

ART. 22.

En cas d'opérations de guerre entre les forces de terre et de mer des belligérants, les dispositions de la présente Convention ne seront applicables qu'aux forces embarquées.

ART. 23.

La présente Convention sera ratifiée aussitôt que possible.

Les ratifications seront déposées à La Haye.

Le premier dépôt de ratifications sera constaté par un procès-verbal signé par les représentants des puissances qui y prennent part, et par le Ministre des affaires étrangères des Pays-Bas.

Les dépôts ultérieurs de ratifications se feront au moyen d'une notification écrite, adressée au Gouvernement des Pays-Bas et accompagnée de l'instrument de ratification.

Copie certifiée conforme du procès-verbal relatif au premier dépôt de ratifications, des notifications mentionnées à l'alinéa précédent ainsi que des instruments de ratifications, sera immédiatement remise par les soins du Gouvernement des Pays-Bas et par la voie diplomatique aux puissances conviées à la deuxième Conférence de la paix, ainsi qu'aux autres puissances qui auront adhéré à la Convention. Dans les cas visés par l'alinéa précédent, ledit Gouvernement leur fera connaître en même temps la date à laquelle il a reçu la notification.

ART. 24.

Les puissances non signataires qui auront accepté la Convention de Genève du 6 juillet 1906 sont admises à adhérer à la présente Convention.

La puissance qui désire adhérer notifie par écrit son intention au Gouvernement des Pays-Bas en lui transmettant l'acte d'adhésion qui sera déposé dans les archives dudit Gouvernement.

Ce Gouvernement transmettra immédiatement à toutes les autres puissances copie certifiée conforme de la notification ainsi que de l'acte d'adhésion, en indiquant la date à laquelle il a reçu la notification.

ART. 25.

La présente Convention, dûment ratifiée, remplacera dans les rapports entre les puissances contractantes la Convention du 29 juillet 1899 pour l'adaptation à la guerre maritime des principes de la Convention de Genève.

La Convention de 1899 reste en vigueur dans les rapports entre les puissances qui l'ont signée et qui ne ratifieraient pas également la présente Convention.

ART. 26.

La présente Convention produira effet, pour les puissances qui auront participé au premier dépôt de ratifications, soixante jours après la date du procès-verbal de ce dépôt, et, pour les puissances qui ratifieront ultérieurement ou qui adhéreront, soixante jours après que la notification de leur ratification ou de leur adhésion aura été reçue par le Gouvernement des Pays-Bas.

ART. 27.

S'il arrivait qu'une des puissances contractantes voulût dénoncer la présente Convention, la dénonciation sera notifiée par écrit au Gouvernement des Pays-Bas, qui communiquera immédiatement copie certifiée conforme de la notification à toutes les autres puissances en leur faisant savoir la date à laquelle il l'a reçue.

La dénonciation ne produira ses effets qu'à l'égard de la puissance qui l'aura notifiée et un an après que la notification en sera parvenue au Gouvernement des Pays-Bas.

ART. 28.

Un registre tenu par le Ministère des affaires étrangères des Pays-Bas indiquera la date du dépôt des ratifications effectué en vertu de l'article 23.

6.

alinéas 3 et 4, ainsi que la date à laquelle auront été reçues les notifications d'adhésion (art. 24, alinéa 2) ou de dénonciation (art. 27, alinéa 1).

Chaque puissance contractante est admise à prendre connaissance de ce registre et à en demander des extraits certifiés conformes.

En foi de quoi, les plénipotentiaires ont revêtu la présente Convention de leurs signatures.

Fait à La Haye, le 18 octobre 1907, en un seul exemplaire, qui restera déposé dans les archives du Gouvernement des Pays-Bas et dont des copies certifiées conformes seront remises par la voie diplomatique aux puissances qui ont été conviées à la deuxième Conférence de la paix.

Annexes I.

N° 10.

RESTRICTIONS À L'EXERCICE DU DROIT DE CAPTURE DANS LA GUERRE MARITIME.

CONVENTION XI [1]

RELATIVE À CERTAINES RESTRICTIONS À L'EXERCICE DU DROIT DE CAPTURE
DANS LA GUERRE MARITIME.

(Indication des souverains et chefs d'État.)

. . . .

Reconnaissant la nécessité de mieux assurer que par le passé l'application équitable du droit aux relations maritimes internationales en temps de guerre;

Estimant que, pour y parvenir, il convient, en abandonnant ou en conciliant le cas échéant dans un intérêt commun certaines pratiques divergentes anciennes, d'entreprendre de codifier dans des règles communes les garanties dues au commerce pacifique et au travail inoffensif, ainsi que la conduite des hostilités sur mer; qu'il importe de fixer dans des engagements mutuels écrits des principes demeurés jusqu'ici dans le domaine incertain de la controverse ou laissés à l'arbitraire des gouvernements;

Que, dès à présent, un certain nombre de règles peuvent être posées, sans qu'il soit porté atteinte au droit actuellement en vigueur concernant les matières qui n'y sont pas prévues:

Ont nommé pour leurs plénipotentiaires, savoir:

. . . .

(Suit la liste des plénipotentiaires.)

. . . .

Lesquels, après avoir déposé leurs pleins pouvoirs, trouvés en bonne et due forme, sont convenus des dispositions suivantes:

CHAPITRE PREMIER.

DE LA CORRESPONDANCE POSTALE.

ARTICLE PREMIER.

La correspondance postale des neutres et des belligérants, quel que soit son caractère officiel ou privé, trouvée en mer sur un navire neutre ou

---

[1] Convention de La Haye, 1907; voir décret du 2 décembre 1910, *Journal officiel* du 8 décembre 1910.

ennemi, est inviolable. S'il y a saisie du navire, elle est expédiée avec le moins de retard possible par le capteur.

Les dispositions de l'alinéa précédent ne s'appliquent pas, en cas de violation de blocus, à la correspondance qui est à destination ou en provenance du port bloqué.

ART. 2.

L'inviolabilité de la correspondance postale ne soustrait pas les paquebots-poste neutres aux lois et coutumes de la guerre sur mer concernant les navires de commerce neutres en général. Toutefois la visite n'en doit être effectuée qu'en cas de nécessité, avec tous les ménagements et toute la célérité possibles.

CHAPITRE II.

DE L'EXEMPTION DE CAPTURE POUR CERTAINS BATEAUX.

ART. 3.

Les bateaux exclusivement affectés à la pêche côtière ou à des services de petite navigation locale sont exempts de capture, ainsi que leurs engins, agrès, apparaux et chargement.

Cette exemption cesse de leur être applicable dès qu'ils participent d'une façon quelconque aux hostilités.

Les puissances contractantes s'interdisent de profiter du caractère inoffensif desdits bateaux pour les employer dans un but militaire en leur conservant leur apparence pacifique.

ART. 4.

Sont également exempts de capture les navires chargés de missions religieuses, scientifiques ou philanthropiques.

CHAPITRE III.

DU RÉGIME DES ÉQUIPAGES DES NAVIRES DE COMMERCE ENNEMIS CAPTURÉS PAR UN BELLIGÉRANT.

ART. 5.

Lorsqu'un navire de commerce ennemi est capturé par un belligérant, les hommes de son équipage, nationaux d'un État neutre, ne sont pas faits prisonniers de guerre.

Il en est de même du capitaine et des officiers, également nationaux d'un État neutre, s'ils promettent formellement par écrit de ne pas servir sur un navire ennemi pendant la durée de la guerre.

ART. 6.

Le capitaine, les officiers et les membres de l'équipage, nationaux de l'État ennemi, ne sont pas faits prisonniers de guerre, à condition qu'ils s'engagent sous la foi d'une promesse formelle écrite à ne prendre, pendant la durée des hostilités, aucun service ayant rapport avec les opérations de guerre.

ART. 7.

Les noms des individus laissés libres dans les conditions visées à l'article 5, alinéa 2, et à l'article 6, sont notifiés par le belligérant capteur à l'autre belligérant. Il est interdit à ce dernier d'employer sciemment lesdits individus.

ART. 8.

Les dispositions des trois articles précédents ne s'appliquent pas aux navires qui prennent part aux hostilités.

CHAPITRE IV.

DISPOSITIONS FINALES.

ART. 9.

Les dispositions de la présente Convention ne sont applicables qu'entre les puissances contractantes, et seulement si les belligérants sont tous parties à la Convention.

ART. 10.

La présente Convention sera ratifiée aussitôt que possible.

Les ratifications seront déposées à La Haye.

Le premier dépôt de ratifications sera constaté par un procès-verbal signé par les représentants des puissances qui y prennent part et par le Ministre des affaires étrangères des Pays-Bas.

Les dépôts ultérieurs de ratifications se feront au moyen d'une notification écrite adressée au Gouvernement des Pays-Bas et accompagnée de l'instrument de ratification.

Copie certifiée conforme du procès-verbal relatif au premier dépôt de ratifications, des notifications mentionnées à l'alinéa précédent ainsi que des instruments de ratification, sera immédiatement remise par les soins du Gouvernement des Pays-Bas et par la voie diplomatique aux puissances conviées à la deuxième Conférence de la paix, ainsi qu'aux autres puissances qui auront adhéré à la Convention. Dans les cas visés par l'alinéa précédent, ledit Gouvernement leur fera connaître en même temps la date à laquelle il a reçu notification.

ART. 11.

Les puissances non signataires sont admises à adhérer à la présente Convention.

La puissance qui désire adhérer notifie par écrit son intention au Gouvernement des Pays-Bas, en lui transmettant l'acte d'adhésion qui sera déposé dans les archives du Gouvernement.

Ce Gouvernement transmettra immédiatement à toutes les autres puissances copie certifiée conforme de la notification ainsi que de l'acte d'adhésion, en indiquant la date à laquelle il a reçu la notification.

ART. 12.

La présente Convention produira effet, pour les puissances qui auront participé au premier dépôt de ratifications, soixante jours après la date du procès-verbal de ce dépôt et, pour les puissances qui ratifieront ultérieurement ou qui adhéreront, soixante jours après que la notification de leur ratification ou de leur adhésion aura été reçue par le Gouvernement des Pays-Bas.

ART. 13.

S'il arrivait qu'une des puissances contractantes voulût dénoncer la présente Convention, la dénonciation sera notifiée par écrit au Gouvernement des Pays-Bas qui communiquera immédiatement copie certifiée conforme de la notification à toutes les autres puissances en leur faisant savoir la date à laquelle il l'a reçue.

La dénonciation ne produira ses effets qu'à l'égard de la puissance qui l'aura notifiée et un an après que la notification sera parvenue au Gouvernement des Pays-Bas.

ART. 14.

Un registre tenu par le Ministre des affaires étrangères des Pays-Bas indiquera la date du dépôt des ratifications effectué en vertu de l'article 10, alinéas 3 et 4, ainsi que la date à laquelle auront été reçues les notifications d'adhésion (art. 11, alinéa 2) ou de dénonciation (art. 13, alinéa 1).

Chaque puissance contractante est admise à prendre connaissance de ce registre et à en demander des extraits certifiés conformes.

En foi de quoi, les plénipotentiaires ont revêtu la présente Convention de leurs signatures.

Fait à La Haye, le 18 octobre 1907, en un seul exemplaire qui restera déposé dans les archives du Gouvernement des Pays-Bas et dont les copies, certifiées conformes, seront remises par la voie diplomatique aux puissances qui ont été conviées à la deuxième Conférence de la paix.

Annexes I.

N° 11.

DROITS ET DEVOIRS DES PUISSANCES NEUTRES EN CAS DE GUERRE MARITIME.

CONVENTION XIII [1]
CONCERNANT LES DROITS ET LES DEVOIRS DES PUISSANCES NEUTRES EN CAS DE GUERRE MARITIME.

. . . .

(Indication des souverains et chefs d'État.)

. . . .

En vue de diminuer les divergences d'opinions qui, en cas de guerre maritime, existent encore au sujet des rapports entre les puissances neutres et les puissances belligérantes et de prévenir les difficultés auxquelles ces divergences pourraient donner lieu ;

Considérant que, si l'on ne peut concerter dès maintenant des stipulations s'étendant à toutes les circonstances qui peuvent se présenter dans la pratique, il y a néanmoins une utilité incontestable à établir, dans la mesure du possible, des règles communes pour le cas où malheureusement la guerre viendrait à éclater ;

Considérant que pour les cas non prévus par la présente Convention, il y a lieu de tenir compte des principes généraux du droit des gens ;

Considérant qu'il est désirable que les puissances édictent des prescriptions précises pour régler les conséquences de l'état de neutralité qu'elles auraient adopté ;

Considérant que c'est pour les puissances neutres un devoir reconnu d'appliquer impartialement aux divers belligérants les règles adoptées par elles ;

Considérant que, dans cet ordre d'idées, ces règles ne devraient pas, en principe, être changées au cours de la guerre par une puissance neutre, sauf dans le cas où l'expérience acquise en démontrerait la nécessité pour la sauvegarde de ses droits ;

Sont convenus d'observer les règles communes suivantes, qui ne sauraient d'ailleurs porter aucune atteinte aux stipulations des traités généraux existants, et ont nommé pour leurs plénipotentiaires, savoir :

. . . .

---

[1] Convention de La Haye, 1907 ; voir décret du 2 décembre 1910, *Journal officiel* du 8 décembre 1910.

(Suit la liste des plénipotentiaires.)

. . . .

Lesquels, après avoir déposé leurs pleins pouvoirs, trouvés en bonne et due forme, sont convenus des dispositions suivantes :

ARTICLE PREMIER.

Les belligérants sont tenus de respecter les droits souverains des puissances neutres et de s'abstenir, dans le territoire ou les eaux neutres, de tous actes qui constitueraient de la part des puissances qui les toléreraient un manquement à leur neutralité.

ART. 2.

Tous actes d'hostilité, y compris la capture et l'exercice du droit de visite, commis par des vaisseaux de guerre belligérants dans les eaux territoriales d'une puissance neutre, constituent une violation de la neutralité et sont strictement interdits.

ART. 3.

Quand un navire a été capturé dans les eaux territoriales d'une puissance neutre, cette puissance doit, si la prise est encore dans sa juridiction, user des moyens dont elle dispose pour que la prise soit relâchée avec ses officiers et son équipage, et pour que l'équipage mis à bord par le capteur soit interné.

Si la prise est hors de la juridiction de la puissance neutre, le gouvernement capteur, sur la demande de celle-ci, doit relâcher la prise avec ses officiers et son équipage.

ART. 4.

Aucun tribunal des prises ne peut être constitué par un belligérant sur un territoire neutre ou sur un navire dans des eaux neutres.

ART. 5.

Il est interdit aux belligérants de faire des ports et des eaux neutres la base d'opérations navales contre leurs adversaires, notamment d'y installer des stations radio-télégraphiques ou tout appareil destiné à servir comme moyen de communication avec des forces belligérantes sur terre ou sur mer.

ART. 6.

La remise, à quelque titre que ce soit, faite directement ou indirectement par une puissance neutre à une puissance belligérante, de vaisseaux de guerre, de munitions, ou d'un matériel de guerre quelconque, est interdite.

ART. 7.

Une puissance neutre n'est pas tenue d'empêcher l'exportation ou le transit, pour le compte de l'un ou de l'autre des belligérants, d'armes, de munitions, et en général de tout ce qui peut être utile à une armée ou à une flotte.

ART. 8.

Un gouvernement neutre est tenu d'user des moyens dont il dispose pour empêcher, dans sa juridiction, l'équipement ou l'armement de tout navire qu'il a des motifs raisonnables de croire destiné à croiser ou à concourir à des opérations hostiles contre une puissance avec laquelle il est en paix. Il est aussi tenu d'user de la même surveillance pour empêcher le départ hors de sa juridiction de tout navire destiné à croiser ou à concourir à des opérations hostiles, et qui aurait été, dans ladite juridiction, adapté en tout ou en partie à des usages de guerre.

ART. 9.

Une puissance neutre doit appliquer également aux deux belligérants les conditions, restrictions ou interdictions édictées par elle pour ce qui concerne l'admission dans ses ports, rades ou eaux territoriales, des navires de guerre belligérants ou de leurs prises.

Toutefois une puissance neutre peut interdire l'accès de ses ports et de ses rades au navire belligérant qui aurait négligé de se conformer aux ordres et prescriptions édictés par elle ou qui aurait violé la neutralité.

ART. 10.

La neutralité d'une puissance n'est pas compromise par le simple passage dans ses eaux territoriales des navires de guerre et des prises des belligérants.

ART. 11.

Une puissance neutre peut laisser les navires de guerre des belligérants se servir de ses pilotes brevetés.

ART. 12.

A défaut d'autres dispositions spéciales de la législation de la puissance neutre, il est interdit aux navires de guerre des belligérants de demeurer dans les ports et rades ou dans les eaux territoriales de ladite puissance, pendant plus de vingt-quatre heures, sauf dans les cas prévus par la présente Convention.

ART. 13.

Si une puissance avisée de l'ouverture des hostilités apprend qu'un navire de guerre d'un belligérant se trouve dans un de ses ports et rades ou dans ses eaux territoriales, elle doit notifier audit navire qu'il devra partir dans les vingt-quatre heures ou dans le délai prescrit par la loi locale.

ART. 14.

Un navire de guerre belligérant ne peut prolonger son séjour dans un port neutre au delà de la durée légale que pour cause d'avaries ou à raison de l'état de la mer. Il devra partir dès que la cause du retard aura cessé.

Les règles sur la limitation du séjour dans les ports, rades et eaux neutres, ne s'appliquent pas aux navires de guerre exclusivement affectés à une mission religieuse, scientifique ou philantropique.

ART. 15.

A défaut d'autres dispositions spéciales de la législation de la puissance neutre, le nombre maximum des navires de guerre d'un belligérant qui pourront se trouver en même temps dans un de ses ports ou rades, sera de trois.

ART. 16.

Lorsque des navires de guerre des deux parties belligérantes se trouvent simultanément dans un port ou une rade neutre, il doit s'écouler au moins vingt-quatre heures entre le départ du navire d'un belligérant et le départ du navire de l'autre.

L'ordre des départs est déterminé par l'ordre des arrivées, à moins que le navire arrivé le premier ne soit dans le cas où la prolongation de la durée légale du séjour est admise.

Un navire de guerre belligérant ne peut quitter un port ou une rade neutre moins de vingt-quatre heures après le départ d'un navire de commerce portant le pavillon de son adversaire.

ART. 17.

Dans les ports et rades neutres, les navires de guerre belligérants ne peuvent réparer leurs avaries que dans la mesure indispensable à la sécurité de leur navigation et non pas accroître, d'une manière quelconque, leur force militaire. L'autorité neutre constatera la nature des réparations à effectuer qui devront être exécutées le plus rapidement possible.

ART. 18.

Les navires de guerre belligérants ne peuvent pas se servir des ports, rades et eaux territoriales neutres, pour renouveler ou augmenter leurs approvisionnements militaires ou leur armement ainsi que pour compléter leurs équipages.

ART. 19.

Les navires de guerre belligérants ne peuvent se ravitailler dans les ports et rades neutres que pour compléter leur approvisionnement normal du temps de paix.

Ces navires ne peuvent, de même, prendre du combustible que pour gagner le port le plus proche de leur propre pays. Ils peuvent d'ailleurs prendre le combustible nécessaire pour compléter le plein de leurs soutes proprement dites, quand ils se trouvent dans les pays neutres qui ont adopté ce mode de détermination du combustible à fournir.

Si, d'après la loi de la puissance neutre, les navires ne reçoivent du charbon que vingt-quatre heures après leur arrivée, la durée légale de leur séjour est prolongée de vingt-quatre heures.

ART. 20.

Les navires de guerre belligérants qui ont pris du combustible dans le port d'une puissance neutre ne peuvent renouveler leur approvisionnement qu'après trois mois dans un port de la même puissance.

ART. 21.

Une prise ne peut être amenée dans un port neutre que pour cause d'innavigabilité, de mauvais état de la mer, de manque de combustible ou de provisions.

Elle doit repartir aussitôt que la cause qui en a justifié l'entrée a cessé. Si elle ne le fait pas, la puissance neutre doit lui notifier l'ordre de partir immédiatement; au cas où elle ne s'y conformerait pas, la puissance neutre doit user des moyens dont elle dispose pour la relâcher avec ses officiers et son équipage et interner l'équipage mis à bord par le capteur.

ART. 22.

La puissance neutre doit, de même, relâcher la prise qui aurait été amenée en dehors des conditions prévues par l'article 21.

ART. 23.

Une puissance neutre peut permettre l'accès de ses ports et rades aux prises escortées ou non, lorsqu'elles y sont amenées pour être laissées sous séquestre en attendant la décision du tribunal des prises. Elle peut faire conduire la prise dans un autre de ses ports.

Si la prise est escortée par un navire de guerre, les officiers et les hommes mis à bord par le capteur sont autorisés à passer sur le navire d'escorte.

Si la prise voyage seule, le personnel placé à son bord par le capteur est laissé en liberté.

ART. 24.

Si, malgré la notification de l'autorité neutre, un navire de guerre belligérant ne quitte pas un port dans lequel il n'a pas le droit de rester, la puissance neutre a le droit de prendre les mesures qu'elle pourra juger nécessaires pour rendre le navire incapable de prendre la mer pendant la durée de la guerre, et le commandant du navire doit faciliter l'exécution de ces mesures.

Lorsqu'un navire belligérant est retenu par une puissance neutre, les officiers et l'équipage sont également retenus.

Les officiers et l'équipage ainsi retenus peuvent être laissés dans le navire, ou logés soit sur un autre navire, soit à terre, et ils peuvent être assujettis aux mesures restrictives qu'il paraîtrait nécessaire de leur imposer. Toutefois on devra toujours laisser sur le navire les hommes nécessaires à son entretien.

Les officiers peuvent être laissés libres en prenant l'engagement sur parole de ne pas quitter le territoire neutre sans autorisation.

ART. 25.

Une puissance neutre est tenue d'exercer la surveillance que comportent les moyens dont elle dispose pour empêcher dans ses ports ou rades et dans ses eaux toute violation des dispositions qui précèdent.

ART. 26.

L'exercice par une puissance neutre des droits définis par la présente Convention ne peut jamais être considéré comme un acte peu amical par l'un ou par l'autre belligérant qui a accepté les articles qui s'y réfèrent.

ART. 27.

Les puissances contractantes se communiqueront réciproquement, en temps utile, toutes les lois, ordonnances et autres dispositions réglant chez elles le régime des navires de guerre belligérants dans leurs ports et leurs eaux, au moyen d'une notification adressée au Gouvernement des Pays-Bas et transmise immédiatement par celui-ci aux autres puissances contractantes.

ART. 28.

Les dispositions de la présente Convention ne sont applicables qu'entre les puissances contractantes, et seulement si les belligérants sont tous parties à la Convention.

ART. 29.

La présente Convention sera ratifiée aussitôt que possible.

Les ratifications seront déposées à La Haye.

Le premier dépôt de ratifications sera constaté par un procès-verbal signé par les représentants des puissances qui y prennent part et par le Ministre des affaires étrangères des Pays-Bas.

Les dépôts ultérieurs de ratifications se feront au moyen d'une notification écrite, adressée au Gouvernement des Pays-Bas et accompagnée de l'instrument de ratification.

Copie certifiée conforme du procès-verbal relatif au premier dépôt de ratifications, des notifications mentionnées à l'alinéa précédent, ainsi que des instruments de ratification, sera immédiatement remise par les soins du Gouvernement des Pays-Bas et par la voie diplomatique aux puissances conviées à la deuxième Conférence de la paix, ainsi qu'aux autres puissances qui auront adhéré à la Convention. Dans les cas visés par l'alinéa précédent, ledit Gouvernement leur fera connaître en même temps la date à laquelle il a reçu la notification.

ART. 30.

Les puissances non signataires sont admises à adhérer à la présente Convention.

La puissance qui désire adhérer notifie par écrit son intention au Gouvernement des Pays-Bas, en lui transmettant l'acte d'adhésion qui sera déposé dans les archives dudit Gouvernement.

Ce Gouvernement transmettra immédiatement à toutes les autres puissances copie certifiée conforme de la notification ainsi que de l'acte d'adhésion, en indiquant la date à laquelle il a reçu la notification.

ART. 31.

La présente Convention produira effet, pour les puissances qui auront participé au premier dépôt des ratifications, soixante jours après la date du procès-verbal de ce dépôt, et pour les puissances qui ratifieront ultérieurement ou qui adhéreront, soixante jours après que la notification de leur adhésion aura été reçue par le Gouvernement des Pays-Bas.

ART. 32.

S'il arrivait qu'une des puissances contractantes voulût dénoncer la présente Convention, la dénonciation sera notifiée par écrit au Gouvernement des Pays-Bas qui communiquera immédiatement copie certifiée conforme de la notification à toutes les autres puissances en leur faisant savoir la date à laquelle il l'a reçue.

La dénonciation ne produira ses effets qu'à l'égard de la puissance qui l'aura notifiée et un an après que la notification en sera parvenue au Gouvernement des Pays-Bas.

ART. 33.

Un registre tenu par le Ministère des affaires étrangères des Pays-Bas indiquera la date du dépôt de ratifications effectué en vertu de l'article 29, alinéas 3 et 4, ainsi que la date à laquelle auront été reçues les notifications d'adhésion (art. 30, alinéa 2) ou de dénonciation (art. 32, alinéa 1).

Chaque puissance contractante est admise à prendre connaissance de ce registre et à en demander des extraits certifiés conformes.

En foi de quoi, les plénipotentiaires ont revêtu la présente Convention de leurs signatures.

Fait à La Haye, le 18 octobre 1907, en un seul exemplaire qui restera déposé dans les archives du Gouvernement des Pays-Bas et dont les copies certifiées conformes seront remises par la voie diplomatique aux puissances qui ont été conviées à la deuxième Conférence de la paix.

Annexes I.

N° 12.

DROITS ET DEVOIRS DES PUISSANCES ET DES PERSONNES NEUTRES EN CAS DE GUERRE SUR TERRE.

CONVENTION V [1]

CONCERNANT LES DROITS ET LES DEVOIRS DES PUISSANCES ET DES PERSONNES NEUTRES EN CAS DE GUERRE SUR TERRE.

(Indication des souverains et chefs d'État.)

. . . .

En vue de mieux préciser les droits et les devoirs des puissances neutres en cas de guerre sur terre et de régler la situation des belligérants réfugiés en territoire neutre;

Désirant également définir la qualité de neutre en attendant qu'il soit possible de régler dans son ensemble la situation des particuliers neutres dans leurs rapports avec les belligérants;

Ont résolu de conclure une convention à cet effet et ont, en conséquence, nommé pour leurs plénipotentiaires, savoir :

. . . .

(Suit la liste des plénipotentiaires.)

. . . .

Lesquels, après avoir déposé leurs pleins pouvoirs trouvés en bonne et due forme, sont convenus des dispositions suivantes :

CHAPITRE PREMIER.

DES DROITS ET DES DEVOIRS DES PUISSANCES NEUTRES.

ARTICLE PREMIER.

Le territoire des puissances neutres est inviolable.

---

[1] Convention de La Haye, 1907: voir décret du 2 décembre 1910, *Journal offi-ciel* du 8 décembre 1910.

ART. 2.

Il est interdit aux belligérants de faire passer à travers le territoire d'une puissance neutre des troupes ou des convois soit de munitions, soit d'approvisionnements.

ART. 3.

Il est également interdit aux belligérants :

a. D'installer sur le territoire d'une puissance neutre une station radiotélégraphique ou tout appareil destiné à servir comme moyen de communication avec des forces belligérantes sur terre ou sur mer;

b. D'utiliser toute installation de ce genre établie par eux avant la guerre sur le territoire de la puissance neutre dans un but exclusivement militaire, et qui n'a pas été ouverte au service de la correspondance publique.

ART. 4.

Des corps de combattants ne peuvent être formés, ni des bureaux d'enrôlement ouverts sur le territoire d'une puissance neutre au profit des belligérants.

ART. 5.

Une puissance neutre ne doit tolérer sur son territoire aucun des actes visés par les articles 2 à 4.

Elle n'est tenue de punir des actes contraires à la neutralité que si ces actes ont été commis sur son propre territoire.

ART. 6.

La responsabilité d'une puissance neutre n'est pas engagée par le fait que des individus passent isolément la frontière pour se mettre au service de l'un des belligérants.

ART. 7.

Une puissance neutre n'est pas tenue d'empêcher l'exportation ou le transit, pour le compte de l'un ou de l'autre des belligérants d'armes, de munitions, et en général de tout ce qui peut être utile à une armée ou à une flotte.

ART. 8.

Une puissance neutre n'est pas tenue d'interdire ou de restreindre l'usage, pour les belligérants, des câbles télégraphiques ou téléphoniques, ainsi que des appareils de télégraphie sans fil qui sont soit sa propriété, soit celle de compagnies ou de particuliers.

ART. 9.

Toutes mesures restrictives ou prohibitives prises par une puissance neutre à l'égard des matières visées par les articles 7 et 8 devront être uniformément appliquées par elle aux belligérants.

La puissance neutre veillera au respect de la même obligation par les compagnies ou particuliers propriétaires de câbles télégraphiques ou téléphoniques ou d'appareils de télégraphie sans fil.

ART. 10.

Ne peut être considéré comme un acte hostile le fait, par une puissance neutre, de repousser même par la force les atteintes à sa neutralité.

CHAPITRE II.

DES BELLIGÉRANTS INTERNÉS
ET DES BLESSÉS SOIGNÉS CHEZ LES NEUTRES.

ART. 11.

La puissance neutre qui reçoit sur son territoire des troupes appartenant aux armées belligérantes les internera, autant que possible, loin du théâtre de la guerre.

Elle pourra les garder dans des camps et même les enfermer dans des forteresses ou dans des lieux appropriés à cet effet.

Elle décidera si les officiers peuvent être laissés libres en prenant l'engagement sur parole de ne pas quitter le territoire neutre sans autorisation.

ART. 12.

A défaut de convention spéciale, la puissance neutre fournira aux internés les vivres, les habillements et les secours commandés par l'humanité.

Bonification sera faite, à la paix, des frais occasionnés par l'internement.

ART. 13.

La puissance neutre qui reçoit des prisonniers de guerre évadés les laissera en liberté. Si elle tolère leur séjour sur son territoire, elle peut leur assigner une résidence.

La même disposition est applicable aux prisonniers de guerre amenés par des troupes se réfugiant sur le territoire de la puissance neutre.

ART. 14.

Une puissance neutre pourra autoriser le passage sur son territoire des blessés ou malades appartenant aux armées belligérantes, sous la réserve que les trains qui les amèneront ne transporteront ni personnel, ni matériel de guerre. En pareil cas, la puissance neutre est tenue de prendre les mesures de sûreté et de contrôle nécessaires à cet effet.

Les blessés ou malades amenés dans ces conditions sur le territoire neutre par un des belligérants et qui appartiendraient à la partie adverse devront être gardés par la puissance neutre, de manière qu'ils ne puissent de nouveau prendre part aux opérations de la guerre. Cette puissance aura les mêmes devoirs quant aux blessés ou malades de l'autre armée qui lui seraient confiés.

ART. 15.

La Convention de Genève s'applique aux malades et aux blessés internés sur territoire neutre.

CHAPITRE III.

DES PERSONNES NEUTRES.

ART. 16.

Sont considérés comme neutres les nationaux d'un État qui ne prend pas part à la guerre.

ART. 17.

Un neutre ne peut pas se prévaloir de sa neutralité :

a. S'il commet des actes hostiles contre un belligérant ;

b. S'il commet des actes en faveur d'un belligérant, notamment s'il prend volontairement du service dans les rangs de la force armée de l'une des parties.

En pareil cas, le neutre ne sera pas traité plus rigoureusement par le belligérant contre lequel il s'est départi de la neutralité que ne pourrait l'être, à raison du même fait, un national de l'autre État belligérant.

ART. 18.

Ne seront pas considérés comme actes commis en faveur d'un des belligérants, dans le sens de l'article 17, lettre *b* :

a. Les fournitures faites ou les emprunts consentis à l'un des belligérants, pourvu que le fournisseur ou le prêteur n'habite ni le territoire de l'autre partie, ni le territoire occupé par elle, et que les fournitures ne proviennent pas de ces territoires;

b. Les services rendus en matière de police ou d'administration civile.

CHAPITRE IV.

DU MATÉRIEL DES CHEMINS DE FER.

ART. 19.

Le matériel des chemins de fer provenant du territoire de puissances neutres, qu'il appartienne à ces puissances ou à des sociétés ou personnes privées, et reconnaissable comme tel, ne pourra être réquisitionné et utilisé par un belligérant que dans le cas et la mesure où l'exige une impérieuse nécessité. Il sera renvoyé aussitôt que possible dans le pays d'origine.

La puissance neutre pourra de même, en cas de nécessité, retenir et utiliser, jusqu'à due concurrence, le matériel provenant du territoire de la puissance belligérante.

Une indemnité sera payée de part et d'autre, en proportion du matériel utilisé et de la durée de l'utilisation.

CHAPITRE V.

DISPOSITIONS FINALES.

ART. 20.

Les dispositions de la présente Convention ne sont applicables qu'entre les puissances contractantes, et seulement si les belligérants sont tous parties à la Convention.

ART. 21.

La présente Convention sera ratifiée aussitôt que possible.

Les ratifications seront déposées à La Haye.

Le premier dépôt de ratifications sera constaté par un procès-verbal signé par les représentants des puissances qui prennent part et par le Ministre des affaires étrangères des Pays-Bas.

Les dépôts ultérieurs de ratifications se feront au moyen d'une notification écrite, adressée au Gouvernement des Pays-Bas et accompagnée de l'instrument de ratification.

Copie certifiée conforme du procès-verbal relatif au premier dépôt de ratifications, des notifications mentionnées à l'alinéa précédent, ainsi que des instruments de ratification, sera immédiatement remise par les soins du Gouvernement des Pays-Bas et par la voie diplomatique aux puissances conviées à la deuxième Conférence de la Paix, ainsi qu'aux autres puissances qui auront adhéré à la Convention. Dans les cas visés à l'alinéa précédent, ledit Gouvernement leur fera connaître en même temps la date à laquelle il a reçu la notification.

ART. 22.

Les puissances non signataires sont admises à adhérer à la présente Convention.

La puissance qui désire adhérer notifie par écrit son intention au Gouvernement des Pays-Bas, en lui transmettant l'acte d'adhésion, qui sera déposé dans les archives dudit Gouvernement.

Ce Gouvernement transmettra immédiatement à toutes les autres puissances copie certifiée conforme à la notification ainsi que de l'acte d'adhésion, en indiquant la date à laquelle il a reçu la notification.

ART. 23.

La présente Convention produira effet, pour les puissances qui auront participé au premier dépôt de ratifications, soixante jours après la date du procès-verbal de ce dépôt, et pour les puissances qui ratifieront ultérieurement ou qui adhéreront, soixante jours après que la notification de leur ratification ou de leur adhésion aura été reçue par le Gouvernement des Pays-Bas.

ART. 24.

S'il arrivait qu'une des puissances contractantes voulût dénoncer la présente Convention, la dénonciation sera notifiée par écrit au Gouvernement des Pays-Bas, qui communiquera immédiatement copie certifiée conforme de la notification à toutes les autres puissances, en leur faisant savoir la date à laquelle il l'a reçue.

La dénonciation ne produira ses effets qu'à l'égard de la puissance qui l'aura notifiée et un an après que la notification en sera parvenue au Gouvernement des Pays-Bas.

ART. 25.

Un registre tenu par le Ministre des Affaires étrangères des Pays-Bas indiquera la date du dépôt des ratifications effectué en vertu de l'article 21, alinéas 3 et 4, ainsi que la date à laquelle auront été reçues les notifications d'adhésion (art. 24, alinéa 2) ou de dénonciation (art. 24, alinéa 1).

Chaque puissance contractante est admise à prendre connaissance de ce régime et à en demander des extraits certifiés conformes.

En foi de quoi, les plénipotentiaires ont revêtu la présente Convention de leurs signatures.

Fait à La Haye, le 18 octobre 1907, en un seul exemplaire qui restera déposé dans les archives du Gouvernement des Pays-Bas et dont des copies, certifiées conformes, seront remises par la voie diplomatique aux puissances qui ont été conviées à la deuxième Conférence de la Paix.

Annexes I

N° 13

CONVENTIONS DE LA HAYE DU 18 OCTOBRE 1907

TABLEAU

DES SIGNATURES, DES RATIFICATIONS

ET DES ADHÉSIONS

ÉDITION D'AVRIL 1912

PUISSANCES.	III. Convention relative à l'ouverture des hostilités.	IV. Convention concernant les lois et coutumes de la guerre sur terre.	V. Convention concernant les droits et les devoirs des Puissances et des personnes neutres en cas de guerre sur terre.	VI. Convention relative au régime des navires de commerce ennemis au début des hostilités.	VII. Convention relative à la transformation des navires de commerce en bâtiments de guerre.			VIII. Convention relative à la pose de mines sous-marines automatiques de contact.	IX. Convention concernant le bombardement par des forces navales en temps de guerre.	X. Convention pour l'adaptation à la guerre maritime des principes de la Convention de Genève.	XI. Convention relative à certaines restrictions à l'exercice du droit de capture dans la guerre maritime.	XIII. Convention concernant les droits et les devoirs des Puissances neutres en cas de guerre maritime.	PUISSANCES.
Allemagne. Rat. 27 nov. 1909.	S. Rat.	S. rés. Rat. rés.	S. Rat.	S. rés. Rat. rés.	S. Rat.	a b	a b	S. rés. Rat. rés.	S. rés. Rat. rés.	S. Rat.	S. Rat.	S. rés. Rat. rés.	Allemagne.
Amérique (États-Unis d'). Rat. 27 nov. 1909. Adh. 3 déc. 1909.	S. Rat.	S. Rat.	S. Rat.	– –	– –	c d	c d	S. Rat.	S. Rat.	S. Rat.	S. Rat.	– Adh. rés.	Amérique (États-Unis d').
Argentine.	S.	S.	S. rés.	S.	S.	e	e	S.	S.	S.	S.	S.	Argentine.
Autriche-Hongrie. Rat. 27 nov. 1909.	S. Rat.	S. rés. Rat. rés.	S. Rat.	S. Rat.	S. Rat.	f g	f g	S. Rat.	S. Rat.	S. Rat.	S. Rat.	S. Rat.	Autriche-Hongrie.
Belgique. Rat. 8 août 1910.	S. Rat.	S. Rat.	S. Rat.	S. Rat.	S. Rat.	h i	h i	S. Rat.	S. Rat.	S. Rat.	S. Rat.	S. Rat.	Belgique.
Bolivie. Rat. 27 nov. 1909.	S. Rat.	S. Rat.	S. Rat.	S. –	S. –	j k	j k	S. –	S. Rat.	S. Rat.	S. –	S.	Bolivie.
Brésil.	S.	S.	S.	S.	S.	l	l	S.	S.	S.	S.	S.	Brésil.
Bulgarie.	S.	S.	S.	S.	S.	m	m	S.	S.	S.	S.	S.	Bulgarie.
Chili.	S.	S.	S.	S.	S.	n	n	S.	S. rés.	S.	S.	S.	Chili.
Chine. Rat. 27 nov. 1909. Adh. 15 janv. 1910.	– Adh.	– –	– Adh.	– –	– –	o p	o p	– –	– Adh.	S. rés. Rat. rés.	– ÷	– Adh. rés.	Chine.

S. = signée.   Rat. = ratifiée.   Adh. = adhésion.   rés. = réserve.

PUISSANCES.	III. CONVENTION relative à l'ouverture des hostilités.	IV. CONVENTION concernant les lois et coutumes de la guerre sur terre.	V. CONVENTION concernant les droits et les devoirs des Puissances et des personnes neutres en cas de guerre sur terre.	VI. CONVENTION relative au régime des navires de commerce ennemis au début des hostilités.	VII. CONVENTION relative à la transformation des navires de commerce en bâtiments de guerre.		VIII. CONVENTION relative à la pose de mines sous-marines automatiques de contact.	IX. CONVENTION concernant le bombardement par des forces navales en temps de guerre.	X. CONVENTION pour l'adaptation à la guerre maritime des principes de la Convention de Genève.	XI. CONVENTION relative à certaines restrictions à l'exercice du droit de capture dans la guerre maritime.	XIII. CONVENTION concernant les droits et les devoirs des Puissances neutres en cas de guerre maritime.	PUISSANCES.
Colombie	S.	S.	S.	S.	S.	a	S.	S.	S.	S.	S.	Colombie.
Cuba	S.	S.	S.	S.	S.	b	S.	S.	S.	S.	–	Cuba.
Rat. 22 févr. 1912.	–	Rat.	Rat.	Rat.	–	c	–	Rat.	Rat.	–	–	
Danemark	S.	S.	S.	S.	S.	d	S.	S.	S.	S.	S.	Danemark.
Rat. 27 nov. 1909.	Rat.	Rat.	Rat.	Rat.	Rat.	e	Rat.	Rat.	Rat.	Rat.	Rat.	
Dominicaine (République)	S.	S.	S.	S.	–	f	S. rés.	S.	S.	S.	S. rés.	Dominicaine (République)
Équateur	S.	S.	S.	S.	S.	g	S.	S.	S.	S.	S.	Équateur.
Espagne	S.	–	S.	S.	S.	h	–	–	S.	S.	–	Espagne.
France	S.	S.	S.	S.	S.	i	S. rés.	S. rés.	S.	S.	S. rés.	France.
Rat. 7 oct. 1910.	Rat.	Rat.	Rat.	Rat.	Rat.	j	Rat. rés.	Rat. rés.	Rat.	Rat.	Rat.	
Grande-Bretagne	S.	S.	S. rés.	S.	S.	k	S. rés.	S. rés.	S. rés.	S.	S. rés.	Grande-Bretagne.
Rat. 27 nov. 1909.	Rat.	Rat.	–	Rat.	Rat.	l	Rat. rés.	Rat. rés.	–	Rat.	–	
Grèce	S.	S.	S.	S.	S.	m	S.	S.	S.	S.	S.	Grèce.
Guatémala	S.	S.	S.	S.	S.	n	S.	S.	S.	S.	S.	Guatémala.
Rat. 15 mars 1911.	Rat.	Rat.	Rat.	Rat.	Rat.	o	Rat.	Rat.	Rat.	Rat.	Rat.	

PUISSANCES.	III. CONVENTION relative à l'ouverture des hostilités.	IV. CONVENTION concernant les lois et coutumes de la guerre sur terre.	V. CONVENTION concernant les droits et les devoirs des Puissances et des personnes neutres en cas de guerre sur terre.	VI. CONVENTION relative au régime des navires de commerce ennemis au début des hostilités.	VII. CONVENTION relative à la transformation des navires de commerce en bâtiments de guerre.			VIII. CONVENTION relative à la pose de mines sous-marines automatiques de contact.	IX. CONVENTION concernant le bombardement par des forces navales en temps de guerre.	X. CONVENTION pour l'adaptation à la guerre maritime des principes de la Convention de Genève.	XI. CONVENTION relative à certaines restrictions à l'exercice du droit de capture dans la guerre maritime.	XIII. CONVENTION concernant les droits et les devoirs des Puissances neutres en cas de guerre maritime.	PUISSANCES.
Haïti............... Rat. 2 févr. 1910.	S. Rat.	S. Rat.	S. Rat.	S. Rat.	S. Rat.	a b	a b	S. Rat.	S. Rat.	S. Rat.	S. Rat.	S. Rat.	Haïti.
Italie...............	S.	S,	S.	S.	S.	c	c	S.	S.	S.	S.	S.	Italie.
Japon............... Rat. 13 déc. 1911.	S. Rat. rés.	S. rés. Rat.	S. Rat.	S. Rat.	S. Rat.	d e	d e	S. Rat. rés.	S. rés. Rat.	S. Rat.	S. Rat. rés.	S. rés. Rat.	Japon.
Luxembourg...........	S. Rat.	S. Rat.	S. Rat.	S. Rat.	S. Rat.	f g	f g	S. Rat.	S. Rat.	S. Rat.	S. Rat.	S. Rat.	Luxembourg.
Mexique............... Rat. 27 nov. 1909.	S. Rat.	S. Rat.	S. Rat.	S. Rat.	S. Rat.	h i	h i	S. Rat.	S. Rat.	S. Rat.	S. Rat.	S. Rat.	Mexique.
Monténégro............	S.	S. rés.	S.	S.	S.	j	j	–	S.	S.	–	S.	Monténégro.
Nicaragua............ Adh. 16 déc. 1909.	Adh.	Adh.	Adh.	Adh.	Adh.	k	k	Adh.	Adh.	Adh.	Adh.	Adh.	Nicaragua.
Norvège............... Rat. 19 sept. 1910.	S. Rat.	S. Rat.	S. Rat.	S. Rat.	S. Rat.	l m	l m	S. Rat.	S. Rat.	S. Rat.	S. Rat.	S. Rat.	Norvège.
Panama............... Rat. 11 sept. 1911.	S. Rat.	S. Rat.	S. Rat.	S. Rat.	S. Rat.	n o	n o	S. Rat.	S. Rat.	S. Rat.	S. Rat.	S. Rat.	Panama.
Paraguay.............	S.	S.	S.	S.	S.	p	p	S.	S.	S.	S.	S.	Paraguay.

PUISSANCES.	III. CONVENTION relative à l'ouverture des hostilités.	IV. CONVENTION concernant LES LOIS et coutumes de la guerre sur terre.	V. CONVENTION concernant LES DROITS et les devoirs des Puissances et des personnes neutres en cas de guerre sur terre.	VI. CONVENTION relative AU RÉGIME des navires de commerce ennemis au début des hostilités.	VII. CONVENTION relative à la TRANSFORMATION des navires de commerce en bâtiments de guerre.			VIII. CONVENTION relative à LA POSE de mines sous-marines automatiques de contact.	IX. CONVENTION concernant le BOMBARDEMENT par des forces navales en temps de guerre.	X. CONVENTION pour L'ADAPTATION à la guerre maritime des principes de la Convention de Genève.	XI. CONVENTION relative à certaines RESTRICTIONS à l'exercice du droit de capture dans la guerre maritime.	XIII. CONVENTION concernant LES DROITS et les devoirs des Puissances neutres en cas de guerre maritime.	PUISSANCES.
Pays-Bas .... *Rat. 27 nov. 1909.*	S. Rat.	S. Rat.	S. Rat.	S. Rat.	S. Rat.	a b	a b	S. Rat.	S. Rat.	S. Rat.	S. Rat.	S. Rat.	Pays-Bas.
Pérou................	S.	S.	S.	S.	S.	c	e	S.	S.	S.	S.	S.	Pérou.
Perse................	S.	S.	S.	S.	S.	d	d	S.	S.	S. rés.	S.	S. rés.	Perse.
Portugal.............. *Rat. 18 avril 1911.*	S. Rat.	S. Rat.	S. Rat.	S. Rat.	S. Rat.	e f	e f	– –	S. Rat.	S. Rat.	S. Rat.	S. Rat.	Portugal.
Roumanie .... *Rat. 1er mars 1912.*	S. Rat.	S. Rat.	S. Rat.	S. Rat.	S. Rat.	g h	g h	S. Rat.	S. Rat.	S. Rat.	S. Rat.	S. Rat.	Roumanie.
Russie................ *Rat. 27 nov. 1909.*	S. Rat.	S. rés. Rat. rés.	S. Rat.	S. rés. Rat. rés.	S. Rat.	i j	i j	– –	S. Rat.	S. Rat.	– –	S. Rat.	Russie.
Salvador .... *Rat. 27 nov. 1909.*	S. Rat.	S. Rat.	S. Rat.	S. Rat.	S. Rat.	k l	k l	S. Rat.	S. Rat.	S. Rat.	S. Rat.	S. Rat.	Salvador.
Serbie................	S.	S.	S.	S.	S.	m	m	S.	S.	S.	S.	S.	Serbie.
Siam................. *Rat. 12 mars 1910.*	S. Rat.	S. Rat.	S. Rat.	S. Rat.	S. Rat.	n o	a e	S. rés. Rat. rés.	S. Rat.	S. Rat.	S. Rat.	S. rés. Rat. rés.	Siam.
Suède .... *Rat. 27 nov. 1909 et 18 juillet 1911, pour ce qui concerne la Convention X.*	S. Rat.	S. Rat.	S. Rat.	S. Rat.	S. Rat.	p q	p q	– –	S. Rat.	S. Rat.	S. Rat.	S. Rat.	Suède.

PUISSANCES.	III. CONVENTION relative à l'ouverture des hostilités.	IV. CONVENTION concernant les lois et coutumes de la guerre sur terre.	V. CONVENTION concernant les droits et les devoirs des Puissances et des personnes neutres en cas de guerre sur terre.	VI. CONVENTION relative au régime des navires de commerce ennemis au début des hostilités,	VII. CONVENTION relative à la transformation des navires de commerce en bâtiments de guerre.			VIII. CONVENTION relative à la pose de mines sous-marines automatiques de contact.	IX. CONVENTION concernant le bombardement par des forces navales en temps de guerre.	X. CONVENTION pour l'adaptation à la guerre maritime des principes de la Convention de Genève.	XI. CONVENTION relative à certaines restrictions à l'exercice du droit de capture dans la guerre maritime.	XIII. CONVENTION concernant les droits et les devoirs des Puissances neutres en cas de guerre maritime.	PUISSANCES.
Suisse.......... Rat. 12 mai 1910.	S. Rat.	S. Rat.	S. Rat.	S. Rat.	S. Rat.	a / b	d / b	S. Rat.	S. Rat.	S. Rat.	S. Rat.	S. Rat.	Suisse.
Turquie.............	S.	S. rés.	S.	S.	S. rés.	e	e	S. rés.	S.	S. rés.	S.	S. rés.	Turquie.
Uruguay............	S.	S.	S.	S.	—	d	d	S.	S.	S.	,S.	S.	Uruguay.
Vénézuéla..........	S.	S.	S.	S.	S.	e	e	S.	S.	S.	S.	S.	Vénézuéla.

RÉSERVES À LA SIGNATURE.

CONVENTION III.

Japon .... Sous réserve de l'article 44.* (Réserve maintenue à l'acte de ratification.)

CONVENTION IV.

Allemagne...... Sous réserve de l'article 44 du Règlement annexé. — Réserve maintenue à l'acte de ratification.

Autriche-Hongrie . Sous réserve de la déclaration faite dans la séance plénière de la Conférence du 17 août 1907. — Réserve maintenue au procès-verbal de dépôt des ratifications.

Japon .... Avec réserve de l'article 44. — Réserve maintenue à l'acte de ratification

Monténégro...... Sous réserves formulées à l'article 44 du Règlement annexé à la présente Convention et consignées au procès-verbal de la quatrième séance plénière du 17 août 1907.

Russie .... Sous réserves formulées à l'article 44 du Règlement annexé à la présente Convention et consignées au procès-verbal de la quatrième séance plénière du 17 août 1907. — Réserves maintenues à l'acte de ratification.

Turquie .... Sous réserve de l'article 3.

CONVENTION V.

Argentine....... La République Argentine fait réserve de l'article 19.

Grande-Bretagne.. Sous réserve des articles 16, 17 et 18.

CONVENTION VI.

Allemagne....... Sous réserve de l'article 3 et de l'article 4, alinéa 2. — Réserves maintenues à l'acte de ratification.

Russie . . . . Sous réserves formulées à l'article 3 et à l'article 4, alinéa 2, de la présente Convention et consignées au procès-verbal de la septième séance plénière du 27 septembre 1907. — Réserves maintenues à l'acte de ratification.

CONVENTION VII.

Turquie . . . . Sous réserve de la déclaration faite à la 8ᵉ séance plénière de la Conférence du 9 octobre 1907.

CONVENTION VIII.

Allemagne. . . . . . . Sous réserve de l'article 2. — Réserve maintenue à l'acte de ratification.

Rép. Dominicaine. Avec réserve sur l'alinéa 1ᵉʳ de l'article 1ᵉʳ.

France . . . . Sous réserve de l'article 2. — Réserve maintenue à l'acte de ratification.

Grande-Bretagne. . Sous réserve de la déclaration suivante : «En apposant leurs signatures à cette convention, les plénipotentiaires britanniques déclarent que le simple fait que ladite convention ne défend pas tel acte ou tel procédé ne doit pas être considéré comme privant le Gouvernement de Sa Majesté Britannique du droit de contester la légalité dudit acte ou procédé. Réserve maintenue à l'acte de ratification.

Siam . . . . Sous réserve de l'article 1ᵉʳ, alinéa 1. — Réserve maintenue à l'acte de ratification.

Turquie . . . . Sous réserve des déclarations consignées au procès-verbal de la 8ᵉ séance plénière de la Conférence du 9 octobre 1907.

Japon . . . . Sous réserve de l'alinéa 2 de l'article 1ᵉʳ. — Réserve maintenue à l'acte de ratification.

CONVENTION IX.

Allemagne . . . . . . Sous réserve de l'article 1ᵉʳ, alinéa 2. — Réserve maintenue à l'acte de ratification.

Chili . . . . Sous la réserve de l'article 3 formulée dans la 4ᵉ séance plénière du 17 août.

France . . . . Sous réserve du 2ᵉ alinéa de l'article 1ᵉʳ. — Réserve maintenue à l'acte de ratification.

Grande-Bretagne. . Sous réserve du 2ᵉ alinéa de l'article 1ᵉʳ. — Réserve maintenue à l'acte de ratification.

Japon . . . . Avec réserve de l'alinéa 2 de l'article 1ᵉʳ. — Réserve maintenue à l'acte de ratification.

CONVENTION X.

Chine . . . . Sous réserve de l'article 21. — Réserve maintenue à l'acte de ratification.

Grande-Bretagne..   Sous réserve des articles 6 et 21 et de la déclaration suivante: « En apposant leurs signatures à cette Convention les plénipotentiaires britanniques déclarent que le Gouvernement de Sa Majeté entend que l'application de l'article 12 se borne au seul cas des combattants recueillis pendant ou après un combat naval auquel ils auront pris part. »

Perse..........   Sous réserve du droit reconnu par la Conférence de l'emploi du Lion et du Soleil Rouge au lieu et à la place de la Croix Rouge.

Turquie ....   Sous réserve du droit reconnu par la Conférence de la paix de l'emploi du Croissant Rouge.

CONVENTION XI.

Japon..........   Sous réserve des articles 19 et 23. — Réserve maintenue à l'acte de ratification.

CONVENTION XIII.

Allemagne ......   Sous réserve des articles 11, 12, 13 et 20. — Réserves maintenues à l'acte de ratification.

Amérique.......   L'acte *d'adhésion* contient la réserve suivante : « That the United States adheres to the said Convention, subject to the reservation and exclusion of its article XXIII and with the understanding that the last clause of article III thereof implies the duty of a neutral power to make the demand therein mentioned for the return of a ship captured within the neutral jurisdiction and no longer within that jurisdiction. »

Chine..........   *Adhésion* avec les réserves de l'alinéa 2 de l'article 14, de l'alinéa 3 de l'article 19 et de l'article 27.

Rép. Dominicaine .   Avec réserve sur l'article 12.

Grande-Bretagne..   Sous réserve des articles 19 et 23.

Japon..........   Avec réserve des articles 19 et 23. — Réserves maintenues à l'acte de ratification.

Perse ....   Sous réserve des articles 12, 19 et 21.

Siam..........   Sous réserve des articles 12, 19 et 23. — Réserve maintenue à l'acte de ratification.

Turquie ....   Sous réserve de la déclaration concernant l'article 10 portée au procès-verbal de la 8ᵉ séance plénière de la Conférence du 9 octobre 1907.

ANNEXES I.

N° 14.

EXTRAIT DU TRAITÉ

POUR L'ÉTABLISSEMENT D'UN RÉGIME DÉFINITIF DESTINÉ À GARANTIR LE LIBRE
USAGE DU CANAL DE SUEZ, CONCLU À CONSTANTINOPLE LE 29 OCTOBRE 1888,
ENTRE LA FRANCE, L'ALLEMAGNE, L'AUTRICHE-HONGRIE, L'ESPAGNE, LA
GRANDE-BRETAGNE, L'ITALIE, LES PAYS-BAS, LA RUSSIE ET LA TURQUIE.

(Échange des ratifications à Constantinople, le 28 décembre 1888, approuvé
et promulgué par décret du 28 janvier 1889. *Journal officiel* du 30 janvier 1889.)

. . . .

ARTICLE PREMIER.

Le canal maritime de Suez sera toujours libre et ouvert, en temps de
guerre comme en temps de paix, à tout navire de commerce ou de guerre,
sans distinction de pavillon.

En conséquence, les Hautes Parties contractantes conviennent de ne porter
aucune atteinte au libre usage du canal, en temps de guerre comme en
temps de paix.

Le canal ne sera jamais assujetti à l'exercice du droit de blocus.

ART. 2.

Les Hautes Parties contractantes, reconnaissant que le canal d'eau douce
est indispensable au canal maritime, prennent acte des engagements de Son
Altesse le Khédive envers la Compagnie Universelle du canal de Suez en ce
qui concerne le canal d'eau douce, engagements stipulés dans une convention
en date du 18 mars 1863, contenant un exposé et quatre articles.

Elles s'engagent à ne porter aucune atteinte à la sécurité de ce canal et de
ses dérivations dont le fonctionnement ne pourra être l'objet d'aucune tentative d'obstruction.

ART. 3.

Les Hautes Parties contractantes s'engagent de même à respecter le matériel, les établissements, constructions et travaux du canal maritime et du
canal d'eau douce.

ART. 4.

Le canal maritime restant ouvert en temps de guerre comme passage libre, même aux navires de guerre des belligérants, aux termes de l'article 1er du présent traité, les Hautes Parties contractantes conviennent qu'aucun droit de guerre, aucun acte d'hostilité, ou aucun acte ayant pour but d'entraver la libre navigation du canal, ne pourra être exercé dans le canal et ses ports d'accès, ainsi que dans un rayon de 3 milles marins de ces ports, alors même que l'Empire ottoman serait l'une des puissances belligérantes.

Les bâtiments de guerre des belligérants ne pourront, dans le canal et ses ports d'accès, se ravitailler ou s'approvisionner que dans la limite strictement nécessaire. Le transit desdits bâtiments par le canal s'effectuera dans le plus bref délai d'après les règlements en vigueur et sans autre arrêt que celui qui résulterait des nécessités du service. Leur séjour à Port-Saïd et dans la rade de Suez ne pourra dépasser vingt-quatre heures, sauf le cas de relâche forcée. En pareil cas, ils seront tenus de partir le plus tôt possible. Un intervalle de vingt-quatre heures devra s'écouler entre la sortie d'un port d'accès d'un navire belligérant et le départ d'un navire appartenant à la puissance ennemie.

ART. 5.

En temps de guerre, les puissances belligérantes ne débarqueront et ne prendront dans le canal et ses ports d'accès ni troupes, ni munitions, ni matériel de guerre. Mais, dans le cas d'un empêchement accidentel dans le canal, on pourra embarquer ou débarquer dans les ports d'accès, des troupes fractionnées par groupe n'excédant pas 1,000 hommes avec le matériel de guerre correspondant.

ART. 6.

Les prises seront soumises sous tous les rapports au même régime que les navires de guerre des belligérants.

ART. 7.

Les puissances ne maintiendront dans les eaux du canal (y compris le lac Timsah et les lacs amers) aucun bâtiment de guerre.

Toutefois, dans les ports d'accès de Port-Saïd et de Suez, elles pourront faire stationner des bâtiments de guerre dont le nombre ne devra pas excéder deux pour chaque puissance.

Ce droit ne pourra être exercé par les belligérants.

Annexes I.

—

Nº 15.

EXTRAIT DE LA CONVENTION POSTALE

DU 30 AOÛT 1890 ENTRE LA FRANCE ET L'ANGLETERRE.

(*Journal officiel* du 13 avril 1891.)

—

. . . .

ART. 9.

En cas de guerre entre les deux nations, les paquebots des deux administrations continueront leur navigation sans obstacle ni molestation jusqu'à notification de la rupture des communications postales faite par l'un des deux gouvernements, auquel cas il leur sera permis de retourner librement et sous protection spéciale dans leurs ports respectifs.

. . . .

ANNEXES II

Annexes II.

—

N° 1.

CONDITIONS

IMPOSÉES PAR LES PRINCIPALES PUISSANCES MARITIMES
POUR LE DROIT AU PAVILLON NATIONAL.

NATION.	CONSTRUCTION.	PROPRIÉTÉ.	COMPOSITION DE L'ÉQUIPAGE.
PUISSANCES EUROPÉENNES.			
Allemagne	Nationale ou étrangère	Nationale	Pas de règle.
Angleterre	Idem	Nationale	Pas de règle.
Autriche	Idem	Deux tiers nationale	Le capitaine et, au long cours, un pilote, autrichiens.
Hongrie	Idem	Deux tiers nationale	Le capitaine et, au long cours, un pilote, hongrois.
Belgique	Idem	Moitié nationale	Pas de règle.
Danemark	Idem	Deux tiers nationale	Pas de règle.
Espagne	Idem	Nationale	Le capitaine et quatre cinquièmes de l'équipage, espagnols.
Grèce	Idem	Demi-nationale	Officiers et trois quarts de l'équipage grecs.
Italie	Idem	Deux tiers nationaux	Le capitaine et deux tiers de l'équipage italiens.
Norvège	Idem	Nationale	Pas de règle.
Pays-Bas	Idem	Demi-nationale	Pas de règle.
Portugal	Idem	Nationale	Capitaine, subrécargue et deux tiers de l'équipage, portugais.

NATION.	CONSTRUCTION.	PROPRIÉTÉ.	COMPOSITION DE L'ÉQUIPAGE.
Roumanie...........	Nationale ou étrangère..	Nationale...........	Pas de règle.
Russie.............	Idem.............	Nationale...........	Le capitaine et les trois quarts sujets russes.
Suède............	Idem.............	Deux tiers nationale....	Pas de règle.
Turquie	Idem.............	Nationale...........	Pas de règle.

PUISSANCES EXTRA-EUROPÉENNES.

Argentine	Nationale ou étrangère..	Nationale ou étrangère..	Au moins un marin argentin.
Brésil.............	Idem.............	Nationale...........	Le capitaine et les deux tiers de l'équipage brésiliens.
Chili	Idem.............	Nationale...........	Un tiers chilien.
États-Unis.........	Nationale, sauf exception	Nationale...........	Le capitaine et les officiers américains.
Japon	Nationale ou étrangère..	Nationale...........	Pas de règle.
Haïti	Idem.............	Nationale...........	Officiers et moitié de l'équipage haïtiens.
Mexique	Idem.............	Nationale...........	Le capitaine et les deux tiers de l'équipage mexicains.
Pérou.............	Idem.............	Pas de règle........	Le capitaine et un cinquième de l'équipage péruviens.
Uruguay..........	Idem.............	Libre..............	Libre.

Annexes II.

N° 2.

TABLEAU DES ÉTATS QUI ONT FIXÉ UNE ÉTENDUE DE LEURS EAUX TERRITORIALES SUPÉRIEURE À TROIS MILLES, QUANT AU DROIT DE LA GUERRE.

ÉTATS.	ÉTENDUE DES EAUX TERRITORIALES.	OBSERVATIONS.
Russie	Portée de canon	Pour la mer Blanche, la limite s'étend à 3 milles, au large de la ligne joignant les caps Sviatoi Noss et Kaninn Noss.
Suède	4 milles, et, près d'une forteresse, la portée des canons de cette forteresse.	A partir de l'îlot non submergé le plus éloigné de la côte.
Norvège.	4 milles.	A partir de l'îlot non submergé le plus éloigné de la côte.
Danemark	4 milles.	
France	6 milles.	
Espagne	6 milles.	
Portugal	6 milles.	
Italie	Portée de canon.	

Annexes II.

N° 3.

TABLEAU DES ÉTATS QUI, POUR LE TEMPS DE GUERRE, ONT FIXÉ DES CONDITIONS D'ADMISSION ET DE SÉJOUR DANS LEURS PORTS DES BÀTIMENTS BELLIGÉRANTS, DIFFÉRENTES DES CONDITIONS DE LA Convention XIII DE La Haye DU 18 OCTOBRE 1907.

ÉTATS.	CONDITIONS.	
	NOMBRE DE BÀTIMENTS ADMIS.	TEMPS DE SÉJOUR.
Russie	6 dans chaque port	7 jours.
Hollande	3 dans la même partie du monde.	
Belgique		Le même navire ne peut être admis deux fois dans l'espace de trois mois dans les eaux et ports belges. L'accès de l'Escaut est interdit.
France	6 grands bâtiments, 12 torpilleurs et sous-marins.	3 fois 24 heures.
Autriche	3 dans un même port, et 6 au total dans tous les ports de l'État.	

ANNEXES III

FORMULAIRE

FORMULE A.

MINISTÈRE
DE LA MARINE.

DIRECTION CENTRALE
DE LA NAVIGATION
ET DES PÊCHES MARITIMES.

N°
D'ORDRE GÉNÉRAL.

N°   de la série
du port de délivrance.

VALABLE
pour
UN VOYAGE SEULEMENT.

SAUF-CONDUIT.

AU NOM DU PEUPLE FRANÇAIS.

Nous, Ministre Secrétaire d'État au département de la Marine.

Avons autorisé et autorisons par le présent sauf-conduit le navire (1)

l   ayant comme n° du Code commercial   , appartenant au port d   , armé par   jaugeant   tonneaux   , monté de   hommes d'équipage, commandé par le Sr

à se rendre directement à (2)

En conséquence, ORDONNONS à tous commandants des bâtiments de la marine nationale de laisser librement passer et naviguer le susdit bâtiment pour se rendre à sa destination.

Paris, le   19   .

Par le Ministre :

Le Directeur central de la Navigation
et des Pêches maritimes,

Le présent a été délivré par nous soussigné (3),

A   , le   19   .

(1) A voiles ou à vapeur.
(2) Indiquer le lieu de destination, si le navire est sur lest, ou la nature de son chargement.
(3) L'autorité qui délivrera le sauf-conduit indiquera ici ses qualités, ainsi que les conditions sous lesquelles la délivrance est faite.

Formule B.

DÉCLARATION DE BLOCUS.

(1) Grade. (2) En chef, s'il y a lieu.	Nous soussigné (1) commandant (2) les forces navales
(3) Dans la mer *ou* devant tel port.	françaises (3)

(3) Dans la mer *ou* devant tel port.

Nous soussigné (1)

commandant (2)   les forces navales

françaises (3)

Vu l'état de guerre existant entre la France et agissant en vertu des pouvoirs qui nous appartiennent,

Déclarons :

(4) Date.

(5) Le port et ses issues, la rivière, les havres, rades, criques, etc., compris entre (latitude et longitude).

Qu'à partir du (4)

l (5)

seront tenus en état de blocus effectif par les forces navales placées sous notre commandement et que les bâtiments amis ou neutres auront un délai de (6)

(6) Nombre de jours.

pour quitter les lieux bloqués.

Il sera procédé contre tout bâtiment qui tenterait de violer ledit blocus conformément aux lois internationales et aux traités en vigueur avec les puissances neutres.

(7) Nom et espèce du bâtiment.

A bord d   (7)   français

(8) Lieu où se trouve le bâtiment.

(9) Date.

(8)   le (9)

(10) Signature, timbre.

(10)

Formule C.

NOTIFICATION DE LA DÉCLARATION DE BLOCUS.

Nous soussigné (*nom, prénoms et grade*).

Commandant le (*classe et nom du bâtiment de guerre*),

Notifions :

aux autorités du port de (*nom du port et désignation des autorités*),
la déclaration de blocus faite en date du
par (*le Gouvernement français*),   ou par le (*grade, commandant en chef,*
s'il y a lieu, les forces navales françaises dans la mer ou devant tel port),
dont copie est ci-jointe, afin que lesdites autorités en soient informées et qu'elles
en informent les consuls étrangers résidant dans le port de

A bord du (*classe et nom du bâtiment*) français,

le (*date*)

(*Signature et timbre.*)

Formule D.

NOTIFICATION SPÉCIALE

DE

DÉCLARATION DE BLOCUS AUX NAVIRES DE COMMERCE NEUTRES.

INSCRIPTION À METTRE SUR LE LIVRE DE BORD.

L'an mil neuf cent   le   à   heure   du
étant par   ° de longitude, et par   ° de latitude.

Je soussigné (*nom, prénoms et grade de l'officier visiteur*), désigné à cet effet par le commandant du (*classe et nom du bâtiment de guerre*), faisant partie des forces navales françaises bloquant (*tel port ou telle côte*), me suis rendu à bord du (*désignation, nationalité et nom du navire visité*).

Attendu qu'il résulte de l'examen des papiers de bord que le capitaine du (*nom du navire*)   n'a pas connu et ne peut être présumé avoir connu l'existence du blocus, lui notifions :

la déclaration de blocus faite en date du

par (*le Gouvernement français*),   ou par (*le Commandant en chef, s'il y a lieu des forces navales françaises*), et lui remettons copie de cette déclaration.

(*Signature.*)

Formule E.

PROCÈS-VERBAL DE VISITE.

INSCRIPTION À METTRE SUR LE JOURNAL DE BORD DU NAVIRE VISITÉ ET TROUVÉ EN RÈGLE.

L'an mil neuf cent   , le   à   heure du   , étant par   ° de longitude et   ° de latitude, je soussigné (*nom, prénoms, grade et emploi de l'officier visiteur*), désigné à cet effet par le commandant du (*nom et désignation du bâtiment visiteur*), me suis rendu à bord du (*nom et désignation du navire visité*) et j'ai trouvé en règle les papiers de bord et documents qui m'ont été présentés concernant le navire et sa cargaison.

En foi de quoi j'ai signé sur le journal de bord.

Formule F.

PROCÈS-VERBAL DE VISITE ET DE REMISE
DE CONTREBANDE DE GUERRE.

L'an mil neuf cent   , le   à   heure
du   , étant par   ° de longitude et   ° de latitude, je soussigné
(*nom, prénoms et grade de l'officier visiteur*), désigné à cet effet par le commandant
du (*classe et nom du bâtiment visiteur*), me suis rendu à bord du (*désignation,
nationalité et nom du bâtiment visité*), armé à   , venant de   ,
à destination de   , sous le commandement de   ,
ledit navire ayant été préalablement sommé de s'arrêter :

Attendu qu'il résulte de l'examen des papiers de bord et spécialement de (*tel
document*) ou de la visite du chargement, que ledit navire transporte de la contrebande de guerre, consistant en (*désigner les marchandises*).

Attendu que le capitaine se déclare prêt à livrer ces marchandises de contrebande :

J'ai fait extraire des cales lesdites marchandises et après les avoir inventoriées
comme il est dit ci-après, je les ai fait transporter à bord du (*nom du bâtiment
capteur*), savoir :

1° (*Inventaire*).

J'ai en outre inscrit la remise des marchandises sur le livre de bord du (*nom du
navire arrêté*).

De tout ce qui précède, j'ai dressé le présent procès-verbal en double expédition,
dont l'une pour être remise au capitaine du (*nom du navire arrêté*), lequel a (*signé
ou refusé de signer*) avec moi, après lecture.

Formule G.

—

CONVOI.
PROCÈS-VERBAL DE VÉRIFICATION.

—

L'an mil neuf cent   , le   à   heure du   , étant par   ° de longitude et   ° de latitude, je soussigné (*nom, prénoms, grade*), commandant du convoi composé de (*désignation et noms des navires convoyés*), sur la demande de M. (*nom, prénoms, grade*), commandant le (*classe, nationalité et nom du bâtiment de guerre*), ai fait procéder (*dire si le commandant du bâtiment de guerre belligérant a été invité à assister à la vérification*) à une vérification à bord du ou des navires suivants du convoi : (*noms des navires*), soupçonnés de   .

Il est résulté de cette vérification que : les soupçons n'étaient pas fondés, les papiers de bord et le chargement se trouvent en règle au point de vue de la neutralité.

Ou que : les soupçons étaient fondés en ce qui concerne (*noms des navires*) qui (*indiquer l'irrégularité commise*) et que, en conséquence, je leur ai retiré la protection du convoi.

En foi de quoi, j'ai dressé le présent procès-verbal en deux expéditions, dont l'une pour être remise au commandant du (*classe, nationalité et nom du bâtiment de guerre*).

(*Signature.*)

Formule H.

PROCÈS-VERBAL DE SAISIE D'UN NAVIRE NEUTRE.

L'an mil neuf cent   , le   à   heure
du   , étant par   ° de longitude et   ° de latitude, je soussigné,
(*nom, prénoms et grade de l'officier visiteur*), désigné à cet effet par le commandant
du (*classe et nom du bâtiment visiteur*), me suis rendu à bord du (*espèce, nationalité et nom du navire visité*), armé à   , venant de   ,
à destination de   , sous le commandement de   ,
ledit navire sommé préalablement de s'arrêter :

Attendu qu'il résulte de (*tel document ou de telle circonstance*), que ledit navire
transporte de la contrebande de guerre (*absolue, conditionnelle*) consistant en
(*désigner les articles*) à destination de (*spécifier la destination*), la totalité formant
en valeur, en poids, en volume ou en fret moins de la moitié du chargement, j'ai
déclaré le (*nom du navire*) saisi en vue de sa conduite dans un port de prise où
les articles de contrebande seront débarqués.

Comme justification de la saisie, je me suis fait remettre les papiers de bord
ci-après : (*inventaire des papiers*) qui ont été immédiatement renfermés dans un
sac dûment scellé.

(*S'il y a lieu*), j'ai procédé à l'interrogatoire de (*nom et qualité des personnes
interrogées*) dont les dépositions sont ci-jointes.

J'ai constaté que le chargement des (*cales, soutes, coffres, armoires, etc.*) contenant les articles de contrebande était en (*spécifier l'état : bon, mauvais*) état et j'ai
fait apposer des scellés au nombre de   sur ces divers locaux.

De tout ce qui précède, j'ai dressé le présent procès-verbal en double expédition,
dont l'une pour être remise au capitaine du (*nom du navire saisi*), lequel a (*signé
ou refusé de signer*) avec moi après lecture.

(*Signature.*)

FORMULE I.

PROCÈS-VERBAL DE CAPTURE D'UN NAVIRE
(ENNEMI OU NEUTRE).

L'an mil neuf cent (*comme au modèle II jusqu'à* de s'arrêter).

Navire ennemi... Après avoir constaté par l'examen des papiers de bord que ledit navire était de nationalité (   ), je l'ai déclaré de bonne prise.

Simulation de pavillon........ Attendu qu'il résulte de l'examen des papiers de bord et spécialement de (*tel document*) que ledit navire bien qu'ayant arboré le pavillon (*le désigner*) est en réalité de nationalité (ennemie) (*spécifier les motifs*), je l'ai déclaré de bonne prise.

Transfert de pavillon entaché de nullité .... Attendu qu'il résulte de l'examen des papiers de bord et spécialement de (*tel document*) que ledit navire, bien qu'ayant arboré le pavillon (*le désigner*) doit être en réalité considéré comme de nationalité (ennemie), par suite de la nullité de son transfert de pavillon effectuée dans (*spécifier les circonstances qui entraînent la nullité*), je l'ai déclaré de bonne prise.

Contrebande de guerre entraînant la confiscation du navire neutre....... Attendu qu'il résulte de (*tel document ou telle circonstance*) que ledit navire, bien qu'étant de nationalité neutre, transporte de la contrebande de guerre, consistant en (*désigner les articles*) destinée à (*spécifier la destination*), laquelle contrebande forme par s... (*valeur, poids, volume ou fret*) plus de la moitié de la cargaison, je l'ai déclaré de bonne prise.

Résistance à la visite.......... Attendu que, sommé de s'arrêter pour se laisser visiter, ledit navire a tenté de résister par la force à la visite en (*spécifier les moyens employés pour la résistance*), je l'ai, nonobstant la constatation de son **pavillon** neutre, déclaré de bonne prise.

Assistance hostile. Attendu qu'il résulte de (*tel document ou telle circonstance*) que ledit bâtiment prête à l'ennemi une assistance hostile consistant à (*spécifier le genre de l'assistance hostile*), je l'ai déclaré de bonne prise.

Violation de blocus. Attendu qu'il résulte de l'examen des papiers de bord (*ou de telle circonstance*) que ledit navire, à destination de (*tel point*), compris dans le blocus, ayant eu connaissance de l'existence du blocus et se trouvant dans le rayon d'action des forces bloquantes a tenté (*ou avait l'intention de forcer le blocus*), je l'ai déclaré de bonne prise.

Comme justification de la capture, j'ai saisi et renfermé dans un sac dûment scellé les papiers de bord énumérés dans l'inventaire ci-joint :

(*S'il y a lieu*) J'ai procédé à l'interrogatoire de (*nom et qualité des personnes inter-rogées*) dont les dépositions sont ci-jointes :

J'ai dressé un état portant, en outre des papiers de bord, inventaire sommaire du bâtiment et du chargement, des effets, argent, instruments nautiques et autres objets appartenant au capitaine et à l'équipage.

J'ai fait fermer les panneaux des cales, les soutes, les coffres, armoires, etc., saisi les clefs et apposé les scellés au nombre de ... sur ces divers locaux.

Requis d'apposer également son sceau sur ledits sacs et ouvertures, le capitaine du *nom du navire*) a (*procédé ou refusé de procéder*) à cette opération.

De tout ce qui précède, j'ai dressé le présent procès-verbal en double expédition, dont l'une pour être remise au capitaine du (*nom du navire capturé*), lequel a (*signé ou refusé de signer*) avec moi, après lecture.

Nota. Dans le cas où un prélèvement serait fait immédiatement sur le chargement d'un navire capturé, ajouter :

Conformément aux ordres antérieurement reçus, j'ai fait extraire du navire les (*objets, matières ou argent*) dont la nature, la quantité et la destination sont indiquées au procès-verbal ci-annexé.

A joindre
au procès-verbal
de capture.

Formule K.

INVENTAIRE

DRESSÉ PAR SUITE DE LA CAPTURE DU...

(ESPÈCE, NATIONALITÉ ET NOM DU NAVIRE.)

1° Papiers de bord :

2° Inventaire sommaire du bâtiment

3° Inventaire sommaire du chargement :

4° Inventaire des effets, argent, instruments nautiques et autres objets appartenant au capitaine et à l'équipage :

(Mentionner si ces objets ont été laissés à la disposition de leur propriétaire.)

(Signature.)

Formule L.

PROCÈS-VERBAL D'ENLÈVEMENT DES MATIÈRES OU DE MARCHANDISES À BORD D'UN NAVIRE CAPTURÉ.

L'an mil neuf cent   , le   , conformément aux ordres du commandant (*nom du bâtiment capteur*), je soussigné (*nom, prénoms, grade et emploi de l'officier visiteur*), me suis rendu à bord du (*nom et désignation de la prise*) capturé le (*date*) suivant procès-verbal de ce jour.

En présence du capitaine démonté dudit navire (*ou de telles personnes le suppléant en raison de sa maladie, de son décès*)   .

(*S'il y a lieu* : après avoir reconnu le bon état des scellés apposés suivant procès-verbal précité sur (*telles écoutilles, portes, etc.*),

J'ai fait extraire des cales et appréhendé les objets, matières ou marchandises dont la désignation suit, savoir :

1°. . . . .   2°. . . . .

Lesdits objets sont destinés (*au service du capteur ou à l'entretien des prisonniers, ou à être mis à l'abri lors de la destruction du navire capturé*).

Si la prise doit être conservée, ajouter : J'ai immédiatement apposé à nouveau les scellés au nombre de   sur lesdites (*écoutilles, portes, etc.*).

Requis également d'apposer son sceau à côté du mien, le capitaine démonté du (*navire capturé*) (*ou la personne qui le remplace*) a procédé (*ou refusé de procéder à cette opération*).

De tout ce qui précède, j'ai dressé le présent procès-verbal en double expédition dont l'une a été remise au capitaine démonté du (*navire capturé*) (*ou à la personne qui le remplace*), lequel a signé (*ou refusé de signer*) avec nous après lecture.

Formule M.

PROCÈS-VERBAL DE DESTRUCTION
DE PRISE ENNEMIE [1].

L'an mil neuf cent   , le   à   heure du   étant
par   ° de longitude, et   ° de latitude, après avoir fait évacuer par l'équipage
et par les passagers le (*espèce et nom*), de nationalité (*ennemie*), capturé le (*date de
la prise*), et avoir fait transporter à mon bord tous les papiers de bord et (*s'il y a
lieu*) les marchandises et matières désignées au procès-verbal ci-annexé, j'ai (*nom,
prénoms et grade*), commandant le (*classe et nom du bâtiment capteur*), fait procéder
à la destruction complète dudit (*nom du navire*) en raison de l'impossibilité où je
me trouvais de conserver et de faire conduire la prise, pour les motifs suivants :

---

(1) Un navire neutre convaincu d'assistance hostile caractérisée est passible du même traitement
qu'un navire ennemi.

Formule N.

PROCÈS-VERBAL DE DESTRUCTION
DE PRISE NEUTRE.

L'an mil neuf cent   , le   , à   heure du   étant
par   ° de longitude et   ° de latitude, après avoir fait évacuer par l'équipage et
par les passagers le (*espèce, nationalité et nom du navire*), capturé le (*date de la
prise*), comme étant passible de confiscation pour (*donner le motif*) et après avoir
fait transporter à mon bord tous les papiers de bord et (*les marchandises désignées
au procès-verbal ci-annexé*) (*s'il y a lieu*), j'ai, (*nom, prénoms, grade*), commandant
le (*classe et nom du bâtiment capteur*), fait procéder à la destruction complète dudit
(*nom du navire capturé*), en raison de la nécessité dans laquelle je me suis trouvé
de détruire la prise pour les motifs suivants :

(*Spécifier avec soin ces motifs qui doivent être de nature à compromettre la sécurité
du bâtiment capteur ou le succès des opérations dans lesquelles il est actuellement
engagé.*)

Formule O.

PROCÈS-VERBAL DE DESTRUCTION
DE MARCHANDISES DE CONTREBANDE DE GUERRE.

L'an mil neuf cent   , le   à   heure du   étant
par   ° de longitude et   ° de latitude, j'ai (*nom, prénoms, grade*), commandant
le (*classe et nom du bâtiment capteur*), fait procéder à la destruction des marchandises de contrebande de guerre énumérées ci-après, remises le (*date de la remise*), par le (*espèce, nationalité et nom du navire*)

(*désignation des marchandises*).

Cette destruction a été rendue nécessaire pour les motifs suivants : (*spécifier les motifs, encombrement dangereux pour le bâtiment au moment du combat, etc.*).

Formule P.

PASSAGERS FAITS PRISONNIERS.

L'an mil neuf cent   , le   à   heure   étant
par   ° de longitude et   ° de latitude, je soussigné (*nom et grade de l'officier
visiteur*) désigné à cet effet par le commandant du (*classe et nom du bâtiment visiteur*), me suis rendu à bord du (*désignation, nationalité, nom du bâtiment visité*),
armé à   venant de   à destination
de   sous le commandement de

Attendu que ce navire transporte des passagers de nationalité
incorporés dans les forces armées de l'ennemi, savoir :

(*Liste nominative des passagers ennemis avec leur âge, grade, etc.*)

Attendu que le capitaine se déclare prêt à livrer ces passagers ,
Je les ai faits prisonniers de guerre.

Ou bien :

Attendu que le capitaine a refusé de livrer ces passagers, j'ai passé outre et les
ai faits prisonniers de guerre.

J'ai fait extraire des cales et locaux occupés par les prisonniers leurs effets et
objets personnels et, après les avoir inventoriés, je les ai fait transporter à bord
du (*nom du bâtiment capteur*), (*suit l'inventaire*).

De tout ce qui précède j'ai dressé le présent procès-verbal en double expédition,
dont l'une pour être remise au capitaine du (*nom du navire visité*), lequel a signé
(*ou refusé de signer*) avec moi après lecture et j'ai laissé le navire libre de continuer
sa route.

(*Signature.*)

(*S'il y a résistance.*)

Attendu que le capitaine a refusé de livrer ces passagers, je l'ai prévenu qu'en
cas de résistance de sa part ou de celle de l'équipage, son navire serait capturé.

Attendu que le capitaine (*ou l'équipage*) a résisté (*ou tenté de résister*) par la
force à la capture des prisonniers, j'ai déclaré le navire (*nom du navire*) de bonne
prise.

Comme justification de la capture   etc.
(Le reste comme à la formule I.)

FORMULE R.

—

PROMESSE DE NE PAS SERVIR L'ENNEMI.

—

L'an mil neuf cent   , le (*date*)

Je soussigné (*nom et prénoms*) de nationalité   né à

le (*date*) actuellement domicilié à

(*Fonctions à bord du navire capturé   capitaine, officier, faisant partie de l'équipage, en service à bord, passager*) à bord du navire (*désignation, nationalité, nom*), capturé le (*date*) par le (*classe et nom du bâtiment capteur*).

(*Pour les neutres*) déclare m'engager formellement à ne pas servir sur un navire *nationalité ennemie*) pendant la durée de la guerre.

(*Pour les nationaux de l'État ennemi*) déclare m'engager formellement à ne prendre, pendant la durée des hostilités, aucun service ayant rapport avec les opérations de la guerre.

Je reconnais que c'est sous la condition de la présente promesse formelle que

M   commandant du (*navire capteur*) m'a laissé libre.

Fait en triple expédition, dont deux (1) pour le commandant du (*bâtiment capteur*), lequel a signé avec moi, la troisième m'ayant été remise.

(*Signatures.*)

---

(1) L'une de ces expéditions est destinée au Gouvernement ennemi.

9 782019 636531